高手这样脱稿讲话

何 言——编著

科学普及出版社

·北 京·

图书在版编目（CIP）数据

高手这样脱稿讲话 / 何言编著. -- 北京：科学普
及出版社，2025.1. -- ISBN 978-7-110-10887-1

Ⅰ. H019

中国国家版本馆CIP数据核字第2024DH3268号

特约策划	王晶波	
责任编辑	孙倩倩	
装帧设计	创巢视觉	
责任印制	李晓霖	

出　　版	科学普及出版社	
发　　行	中国科学技术出版社有限公司	
地　　址	北京市海淀区中关村南大街 16 号	
邮　　编	100081	
发行电话	010-62173865	
传　　真	010-62173081	
网　　址	http://www.cspbooks.com.cn	

开　　本	880mm×1230mm　1/32	
字　　数	130 千字	
印　　张	6	
版　　次	2025 年 1 月第 1 版	
印　　次	2025 年 1 月第 1 次印刷	
印　　刷	德富泰（唐山）印务有限公司	
书　　号	ISBN 978-7-110-10887-1/ H·253	
定　　价	48.00 元	

　　在日常生活中，我们最频繁的活动之一就是说话。一个人的沟通能力直接影响到他的职业发展、人际关系，甚至整个人生的成功。古人云："一人之辩，重于九鼎之宝。""片语可以兴邦，一言可以辱国。"这表明，说话的艺术是通往成功的钥匙。

　　在众多的说话方式中，有准备稿子的讲话和即兴的脱稿讲话。通常，脱稿讲话更能展示一个人的口才，但同时也更具挑战性。一旦你放下讲稿，尽管可能会遗漏一些要点，你的讲话却会显得更加人性化和有感染力。

　　如果你只是机械地背诵讲稿，很容易在紧张的情况下忘记内容，即使记得，也可能显得生硬和缺乏感情。这是因为你只是在重复记忆，而不是表达自己内心的真实想法。

　　在现实生活中，有些人在任何场合都依赖讲稿，无论是会议、媒体采访还是社交活动，他们都需要秘书准备讲稿。这导致很多人的讲话风格雷同，缺乏个性，容易让人失去兴趣。而那些优秀的演讲者在发言时，会根据自己的风格（比如激昂、朴实或幽默等）

来传递信息，有效地吸引听众。

因此，我们应该学会脱稿讲话的技巧，培养自己独特的演讲风格。有些人可能认为自己天生不擅长表达，但实际上，脱稿讲话是一项可以通过学习和练习来掌握的技能。一旦你掌握了这项技能，就能在公众面前自如地表达自己，摆脱对讲稿的依赖，展现出个人魅力。

这本书就是为那些想要提高脱稿讲话能力的人准备的实用指南。它将帮助你从基础开始，逐步提升，最终掌握这门艺术，成为脱稿讲话高手。即使你对脱稿讲话一无所知，这本书也能指导你如何去做。

书中的内容实用且丰富，结合了生动有趣的案例，易于学习和应用，让你的学习过程充满乐趣。掌握脱稿讲话的技巧，不仅能为你的职业生涯增添动力，还能为你的生活增添色彩，帮助你获得更多的资源和机会。

| 目 录

第一章 ▷

是什么让我们无法成为
脱稿讲话高手

一上台就紧张

拆掉失语的墙，关键是讲出自己的话。

第一次踏上讲台，面对那么多的观众时，多数人会心生胆怯，变得紧张起来；一紧张就忘记自己要说什么，脑中出现一片空白，说不出话来。还有一些人在登上讲台之前，就过早地感到紧张。甚至对有些人来说，这种紧张的状态从接受演讲邀请时就已经开始了。通常，我们参与活动的时间越长，紧张的状态便持续得越长，严重者甚至讲不出话来，这正是处于失语状态的表现。

其实，每个人在脱稿讲话的时候，都会有紧张的心理，这是正常的。为了正确地克服紧张的情绪，我们不妨追本溯源，弄清紧张的根本原因，然后对症下药，合理地克制紧张的情绪。紧张的原因有很多，具体表现为以下几点：

首先，它源于对评价的忧虑，这是产生紧张心理的最主要原因。

在任何存在评价的场合，人们往往都容易紧张，难以发挥自己的正常水平。这也就不难解释为什么平时训练时万无一失的运动员会在世界大赛中出现失误。

其次，听众因素使演讲者产生压力。听众因素包括听众的层次、人数、熟悉程度，听众观点等诸多方面。如果听众的社会地位、知识层次、行政级别都比演讲者要高，演讲者则容易产生紧张情绪；同时，演讲者的紧张程度和听众人数往往成正比，听众人数越多，演讲者越容易紧张。

最后，准备得不充分。如果演讲者对于自己所说的主题不了解，内容和材料没有准备好的话，心里没底气，一上台就会紧张，一紧张就会卡壳，甚至说不出话来。

在了解什么原因导致了自己的紧张之后，我们就可以根据自己的情况找出方法，不断练习，并最终克服这种原因带来的紧张。下面的几个脱稿讲话技巧也会进一步帮助演讲者克服紧张情绪。

第一，脱稿讲话者应该认识到紧张是一种正常的现象，是在脱稿讲话的时候不可避免的。古今中外，许多优秀的语言大师，他们的第一次演讲都是因紧张而以失败告终的。对此，演讲者应该有一个清醒的认识，明确告诉自己：演讲的紧张心理的产生是必然的，但同时也是可控的。这和许多短跑名将的情况一样，不管他们参加过多少次比赛，不管他们取得过怎样辉煌的成绩，每当站在起跑线上准备起跑时，紧张都会伴随着他们。

第二，脱稿讲话者要有充足的准备。演讲者要使自己的讲话更出色一些，就需要把讲稿词记得更熟一些，只有把态势语和口语设计得更加精细一些，才能表达得更出色。比如你可以找几个朋友，让他们作为你的听众，在他们面前试讲一番，对于自己演讲时的状态，可以让朋友多多提建议，好在正式的演讲前及时修改。

此外，在正式场合的时候，不要只想着背稿子，还要看看之前的人演讲的状态，以此为借鉴，不要出现和他们类似的错误，这样在自己演讲的时候，就不至于太紧张了。

第三，调整心理状态，内心充满自信。法拉第不仅是英国著名的物理学家和化学家，也是著名的演说家。当人们问及法拉第演讲成功的秘诀时，法拉第说："他们（指听众）一无所知。"从此，这句格言就作为法拉第的演讲秘诀而流传于世。

法拉第是一个谦逊诚恳的人，他说的这句话绝没有贬低和愚弄听众的意思。他只是启示演讲者，必须建立演讲获得成功的信心。事实上，不少演讲者对听众做了过高的估计，以致对自己的演说缺乏必要的自信。"他们一无所知"就是说演讲者根本不必要担心在某个地方出了问题，即使在某个地方卡了壳，只要你不停止演讲、不失语，懂得随机应变，放心大胆地去讲，不动声色地做出调整，听众也听不出来，就算是高明的专家听了出来，也只会暗暗钦佩你的灵活机智，会对你有更高的评价。

第四，端正演讲动机，减轻心理负担。不要把目标定得过高，对于不切实际的期望要有客观的分析。如果把脱稿讲话的意义片面夸大，甚至把这次演讲与个人终生的成就、事业和幸福等紧紧联系在一起，演讲还未来临，你就已经惶惶不可终日了。带着强烈的求胜动机和沉重的心理负担去准备，结果情绪焦虑程度越来越强烈，到了发挥时却事与愿违。因此，你要学会适度降低求胜动机，减轻心理负担，真正做到轻装上阵。

第五，避免机械背诵演讲稿。逐字逐句地背诵讲稿，很容易在面对听众时发生遗忘。即使没忘，讲起来也会显得十分机械化。显然，背演讲稿对演讲者可能是一种必要的准备方式，但是，背诵不是机械记忆，逐字逐句的记忆不仅耗费大量的时间，而且容易形成心理麻痹。在实际的演讲过程中，因怯场、听众骚动、设备故障等突发情况，演讲者极容易出现"短路"现象。因而，在准备脱稿讲话的时候，要列好大纲，根据自己的思路自己组织语言来打动听众。

总之，了解了以上的消除紧张的方法，我们在以后脱稿讲话的时候就不会因为紧张而没话说了，也不至于因为紧张而忘词。只要肯多下功夫，就会发现这种上台恐惧的程度，很快便会减少到某一地步，直至完全消失。

心里没底怕犯错误

在传统的观念里，很多人如果底气不足，就不会去做某些事情。在当众演讲时，如果手里拿着讲稿，就会觉得底气十足，认为肯定不会在演讲中出错，这也是很多人依赖讲稿的原因。手里没稿，心里就没底，心里没底就可能会犯错误。

现如今，随着社会发展，虽然人们已经逐渐地摆脱念稿的形式，但还是不能完全地脱稿，尤其在各种会议中，仍有一些人在念稿子，这有两个重要的原因：

一是对自己的工作、对会议的议题心里没底。

二是怕说错话，怕担责。

有的人在脱稿讲话的时候心里没底，怕犯错误。职场中的很多人都是如此，每次公司组织会议让他们发言的时候，他们总是拿着稿子念，不顾稿子上写的是否属实，都会一一照念，这就严重地影响了工作成绩。

为什么很多人在脱稿讲话时会心里没底呢？是因为准备得不够充分，还是因为缺乏自信呢？很多人都把原因归结到第二个答案，也就是缺乏自信上。其实，仔细想想，或许有这一方面的原因，可只要自己准备得足够充分，又怎么会心里没底呢？归根结底还是对自己要说的话不熟悉，不知道该讲什么，怕自己所说的话会得不到听众的认可，怕犯错误等。

孙先生是一家建筑公司的项目经理，他主要负责监控项目工程的进度，及时做出统筹和调配，以确保各项工作顺利有效进行。他对工作非常认真，对于每一个项目都亲自去调查，不敢有丝毫马虎，因此也得到了领导的器重和赞赏。

有一次，领导派他去勘察一个项目，把调查的情况写成书面报告。孙先生在接到任务后，立刻动身，他把这个项目的每一项情况都调查得非常详细，并且做好了详细的记录，回去之后，他详细地做成了报告，并且在向领导口头汇报的时候不看自己写的材料，就能直接把项目的各项情况以及对策都说得条理清楚、详细明了，领导对此非常满意，也很赞赏孙先生脱稿讲话的能力。

显然，因为心里有底才不念稿，才敢脱稿。孙先生对自己的各项工作，做到心中有底，心中有数，这样他就能在领导面前"畅所欲言"，更没有照着稿子念，这样的精神值得每一个演讲者学习。

除了上述的方法之外，我们还需要转变说话的方式。在当众演讲时，即使很胆怯，也不要让别人一眼看出来。相反，如能在开场的时候，底气十足地把话讲出来，这样也是从内心给自己鼓劲，增强自己的信心。

过度依赖讲稿

在平时的会议上往往会出现这样的现象：在一间会议室里，一些人在开会，柔和的灯光照在主席台上，也照在了演讲者和与会人员的身上；台上演讲者正襟危坐，手里拿着一沓整整齐齐的演讲稿，正低着头沉浸在自己的演讲中；台下的听众时而翻翻手里的资料，时而在笔记本上写上几笔，有的索性就埋进了舒适的椅背中抬头听着演讲者的演讲，甚至不知道演讲者在讲什么，整场大会无趣又毫无生机。

这样一味地照本宣科，当然提不起台下听众的兴趣，也不能吸引他们的注意力。如此依赖讲稿只能让演讲者逐渐地疏离听众，慢慢地与听众产生距离。这样的演讲往往会造成这样的结果：听众不在意演讲者谈什么，而更在意的是什么时候能结束这种无聊的演讲。

究其原因，我们会发现，依赖讲稿是罪魁祸首。演讲者在当众演讲的时候只要念稿子，他们就会把更多的注意力放在稿子上，而不去考虑听众的感受，既不会考虑听众有没有听懂，也不会在乎听众是什么样的表情，更不会与听众进行互动。纵使演讲者在乎，但若是听众追问下去的话，稿子上也没有相应的答案，自己更是无言以对，尴尬的场面就会发生在眼前。

演讲者要想从根本上解决问题，就应该果断地放弃念稿，进行脱稿讲话。因为一个成功的演讲者，他们善于调控听众的情绪，吸引听众的注意力，抓住听众的心理，让听众对他们的话题感兴趣，甚至是如痴如醉。这样一来，不但不可能疏离听众，而且还能缩短与听众之间的距离，从而获得听众的认可和好评。

有一位刚上任的语文老师，在和同学们见面的时候，她是这样做的：

同学们,大家好:

我很高兴能和大家站在同一个教室,你们高兴吗?(学生几乎齐声喊"高兴")我姓郭,是大家的语文老师。

其实呢,我是大家的语文老师,还有一个原因就是本人对英语一窍不通,数学是一知半解,其他学科也是标准的门外汉,不得已只能做做语文老师。但是大家不要笑,记住老师下面一句话:像我这样学好语文,却不一定能学好其他学科,但是学不好语文肯定很难学好其他学科,因为语文是所有科目的基础学科,大家能不能理解?(学生大声说"能")同学们,汉语是我们的母语,又是这样的重要,所以说,你们一定要学好语文,你们应该下这个决心。你们下不下?(学生齐声喊"下")好,老师这里也做个保证,保证自己在以后的教学中一定全力以赴。有了你们的决心,加上我的保证,我相信我们班的语文课一定会学出个样子来。你们说行不行?(学生喊"行"。)

简短的演讲成了一个互动交流的平台,因而才有了活跃的课堂气氛。可以说,她的演讲是成功的,除了简单的自我介绍,她还把语文学科的重要性以幽默的方式给学生们讲解了一遍。一般新任老师来上课之前都会做一番自我介绍,以及对自己所教学科的教学计划进行说明,这需要即兴发挥或者提前打好腹稿。试想,如果有位老师拿着稿子作自我介绍,念学科计划,给学生的感觉很可能是严肃呆板的,随之学生对他所教的课程也会失去兴趣。而脱稿说话就不一样了,像范例中的语文老师,脱稿不仅给学生以亲切的感觉,一问一答的形式也缩短了老师和学生们的距离,吸引了学生的注意力，因此取得了很好的效果。

其实，演讲是一种传播信息的方式，如果演讲者像做报告一样，念稿子，唱独角戏，那样很容易使演讲变成一个单向而且单调的发言，效果不理想也是情理中的事。演讲者只有不忘记听众，听众才会给你掌声。

总之，依赖讲稿会疏离听众，而采用脱稿讲话就能够缩短和听众之间的距离，实现与听众面对面交流，让现场的每一位听众都能感受到演讲者的热情和想法，在空间上实现更深层次的交流。因此，我们不但要脱稿讲话，而且还要把脱稿讲话讲得精彩。

空洞说教，不能增强交流互动

脱稿讲话重在交流，一次成功的演讲，并不是客观事理的空洞说教，而是思想情感真挚而热情的互动。的确，现在的一些人在发言的时候是拿着稿子照本宣科，搞一个人的独唱，没有和下面的听众做一些必要的互动，像是把自己隔离出来，机械式在重复讲稿上的话语，这样的演讲势必是索然无味甚至会遭到厌倦。因此，我们在演讲时，最好采用脱稿的方式，因为脱稿有助于增强交流，可以采用各种方式增加与听众之间的互动，实现与听众之间的双向交流。

生活中，无数的例子也充分地证明脱稿有助于增强交流和互动。请看这个例子，张先生是北京一家食品公司的经理，他介绍麦当劳连锁经营方式的演讲是这样的：

我想问大家一下，谁到麦当劳吃过饭？（等听众回答）好，基本上都去过。那么大家知道吗，麦当劳一度平均每2个小时就建一家店，而且麦当劳的质量好，标准又非常统一，每个店几乎都是一样的。你知道是为什么吗？（停顿）因为它采取的是连锁经营的形式。那么什么是连锁经营的形式？简单地说，就是把工业化生产形式运用到连锁企业经营当中。什么是工业化生产形式呢？就是由工厂来生产。比如，咱们穿的衣服，几乎都是买的成衣，都是在加工厂加工出来的，而不是在一个小的服装加工部加工出来的。为什么要在加工厂加工出来？因为加工厂能够把复杂的衣服分解成无数个细小的单元，由专业的设计人员去设计服饰、样品，由专业的人员去裁剪，由专业的机工轧每个部位，由专业的人员锁眼，专业人员进行熨烫，这样就能保证衣服能以最低廉的价格、最快的速度、最好的品质、统一的标准加工出来。所以，从这个意义上讲，麦当劳不是建出来的，而是在流水线上生产出来的。这样才能够保证麦当劳快餐连锁店建店的速度快、质量好、标准统一。这就是麦当劳能够在世界上树立品牌，每2个小时建一家店，保证它的品质，保证它的标准的最根本的原因。

张先生在整个脱稿过程中，层层深入，带着听众跟着他的思路走，用了五个问句，形成了一条线，清楚明了地向听众阐述观点。最为巧妙的是，他采用提问的方式创造出了他与台下听众专心交流的感觉，营造了轻松愉悦的氛围，从而达到了很好的沟通目的。所以，为了达成有效的互动交流，我们也可以在演讲中设计几个有力的问题，这将大大增加演讲的沟通指数。

旧金山的喜剧教练约翰·坎图说过："通过唤起听众情感上的共鸣，让他们参与到脱稿讲话中来。也许在生活中有一些特殊事件对人有很多特别意义——比如说人生中的许多第一次，第一辆车，第一次约会……这些都可以引入到脱稿讲话中去。这里有一件事需要注意——必须澄清为什么你要让听众想这些情感上的东西。它必须与你的演讲有关并且能够说明问题。"的确，找一些可以引起类似感觉的情况，然后将它与你要让听众想象的东西联系起来就行了。

要知道，成功的演讲并不是一个人在讲，而是在场的所有人都在讲。脱稿讲话者，在不念稿的时候，会把更多的注意力放在听众身上，会有更多的机会与观众进行情感和心灵的互动，从而调节现场的气氛，为现场增添许多乐趣。

死板状态，无法共情观众

脱稿讲话可以让演讲者摆脱念稿子的死板状态，以更鲜活的姿态展现在听众的面前；不念稿子，就可以更多地照顾到听众的情绪和感受，想办法设计一些独特的方式来吸引听众，拉近自己和听众之间的距离，这种距离被打破了，才能实现与听众更多的交流和互动，演讲才会更加顺利精彩。

作家老舍在一次脱稿讲话中是这样说的："听了同志们发言，得到很大好处，可惜前两次没来，损失不小。……今天来的都是专家，我很怕说话，只好乱谈吧。"如此抑己扬人的开场白，如此谦逊坦诚的口吻，一下子拉近了演讲者与听众之间的距离，消除了听众对一位名人可能产生的敬畏心理。另外，老舍说自己是"乱谈"，也就表明自己不是居高临下做演讲，而是平等地和大家交流意见罢了。如此平易近人，自然会获取听众的好感，创造融洽的现场气氛。

在脱稿讲话的过程中，听众虽然处于客体地位，但绝不是被动的"接收器"，而是积极的参与者。如果听众一开始就对演讲者及演讲内容有好感、有兴趣，自然会报以热情；反之，就会视而不见、听而不闻，甚至早早退场。因此，有经验的演讲者都十分注重自己与听众的关系，总会主动地缩短自己与听众之间的距离，从而为现场营造和谐氛围。

第二章

夯实"地基"，才能讲话"脱稿"
不"托稿"

第一节

4W 原则

明白什么场合

在组织思路的 4W 原则中,我们首先要弄清讲话场合。因为每个场合的性质不同,其讲话的内容也会不同。我们需要根据场合的性质,来准备脱稿讲话思路,这样才能在各种场合说好合适的话。在我们平时的生活中,常见的场合主要分为两种:一种是工作场合,另一种是社交场合。下面我们就来具体看看,在这两种场合上,我们应该怎么说。

在工作场合上,演讲者在脱稿汇报或者演讲的时候,表达上要做到话语简洁、重点突出、言简意赅。因为工作的时间是宝贵的,并且长篇大论的演讲也会让人身心疲惫,产生厌烦的心理,所以应简洁明了。在脱稿讲话的构思上你可以围绕"是什么、为什么、干什么、怎么干"来思考。比如说,在项目立项的会议上,你所申请的某个项目要想获得领导的批准,不妨这样说:

首先要说明这个项目是什么。简要阐述一下这个项目的内容,对于某些新观点和信息要着重讲解，当涉及在场人可能听不懂的术语时，可以用比较大众化的语言来解释，要确保你讲的东西能让在场每一个人都明白。

其次，告诉对方为什么要做这个项目。换句话说，就是做好这个项目有何意义。一般演讲者可以分三个层次来讲解，一是这个项目的宏观意义；二是这个项目的本身意义；三是反面意义，这个项目可以帮助解决哪些现实中的困难问题，尤其是当这些问题对社会有不良影响的时候，就能最直观地体现出这个项目的好处。

再次，演讲者要讲这个项目具体是做什么的。演讲者重点要讲出其核心内容，需要什么样的业务和配备什么样的技术。一个大项目必然是由几个小项目组成的，小项目分别是做什么的，在脱稿讲话准备思路的时候，要着重讲解。

最后，再具体讲一下怎么做这个项目。虽然演讲者不会具体到某一个细节，但也要把这个项目的工作思路讲出来，因为这是保证项目顺利实施的基础。

此外，在工作场合还要讲重点，把大家最关注的某一方面讲透彻。在脱稿讲话的时候，思路要清晰，不要颠三倒四，可以试着分几个层次去说。

倘若是社交场合，演讲者要意识到出席这类场合的主要目的是拉近彼此之间的距离，广交朋友。一般来讲，出席社交场合进行当众演讲，我们要依据场合的主题进行具体阐述，多说一些增进感情的话语，不仅能调节宴会的气氛，同时也能彰显自己的口才，可谓是一举两得。

但社交场合的种类比较多，比如说同学聚会、应酬宴会、乔迁

之宴、生日寿宴等,演讲者需要根据场合来调整自己的演讲内容。具体来说:

(1)同学聚会。在讲话之前,我们要了解这种聚会的目的。同学聚会主要是联络和增进同学之间的感情,所以演讲者就要说出增进同学之间感情的话。比如说你在开场的问候之后,就可以举出具体的事例来回忆往昔岁月,使在场的每一个人都能产生情感的共鸣,不仅升华了主题,同时也调节了现场的气氛,增进感情。

(2)应酬宴会。不管是在家里的应酬宴会,还是在酒店里举办的宴会,都需要有人致辞进行当众讲话。而要想在宴会上营造一种活跃、热烈的气氛,就需要讲话者说出大家感兴趣的话题,使大家在觥筹交错间能够兴致盎然地畅谈起来。

除此之外,还要说好祝酒词。祝酒词一般是在全场第一杯酒的时候说的话。因此,讲话者要注意祝酒词要短小精悍,千万不能太长太绕口,否则就会扰乱别人的兴致,尴尬收场。

(3)乔迁之宴。在生活中,朋友或者同事乔迁新居举办宴会,需要你前去祝贺,在讲话的时候主要表达祝贺之意。

(4)生日寿宴。在生日宴会场合的脱稿发言,主要是表达庆生之意,以美好的祝愿为主。如果是小孩的生日,要对小孩做出希望和祝愿;如果是老人的生日宴会,主要以健康祝福为主。可见,生日宴会也要依据不同的对象进行合适的祝贺,这样才能把话说得恰到好处。

每个场合都有自己的设定,都需要演讲者根据实际情况来准备、组织思路,上述所说只是一个大致的思路,需要演讲者根据自己面对的场合，去做具体分析，这样你准备出来的演讲思路，才会更加符合场合要求，也更容易打动听众。

拟定提纲或讲稿

卡耐基说过："演讲者只有做了充分的准备，才有自信的资格。"的确，对于上台脱稿演讲的人来说，做好充足的准备是缓解紧张情绪的一剂良药。就像士兵上战场一样，如果事先没有仔细检查过装备武器，心里是不会踏实的。其实，方法有很多种，比较稳妥的方法是事先拟定好提纲和讲稿，我们才会理出正确的逻辑和思路，也不会在脱稿演讲的时候语无伦次。

制定或者拟定提纲，就是要我们在演讲之前做好充分准备，搭好"架子"。我们可以用提要或图表的方式列举出一篇讲稿的观点。对于材料进行适当的合理的组合，这样也有助于思路顺畅。拟定提纲的方法多种多样，没有统一固定的格式，我们既可以编写得粗一些，也可以编写得细一些，既可以编写成书面文字，也可以只在脑海里思考。

我们通过编列提纲，可以把"腹稿"的轮廓用文字固定、明确下来，以免写作或演讲时遗忘；同时，还可以对"腹稿"不断加以修改和补充，使整个演讲过程的构思更为周密、完善。倘若我们不列提纲，心中无数，动笔就写或动口就讲，那么，就有可能丢三落四、忘东忘西，层次不清，让脱稿讲话变得一塌糊涂。所以，拟定提纲就显得很重要。

实际上，拟定提纲的过程也就是对演讲内容具体构思的过程。

要想把提纲拟定得更为具体，就需要把演讲题目、结构层次、论述要点、典型事例、引文材料以及有关资料都写在里面，这样的提纲才能更加翔实，才能让演讲的思路更加顺畅。

众所周知，老师讲课是要根据提纲来讲的，首先讲什么，其次讲什么，最后讲什么，有条有理，所以学生才能更好吸收。同样的道理，演讲者列提纲也是这样，在搜集好资料后，开始列出提纲，那么具体来说，提纲包括哪些内容呢？可以将其归纳为五点：

1. 拟定好讲话的标题

每一篇演讲稿都是只有一个题目，要想使你的标题脱颖而出，就需要你在拟定的时候，反复斟酌。如果是一些特殊的情况，需要正标题、副标题，你就需要根据具体的情况，一一列出来。

2. 编列讲话的中心论点和分论点

讲话往往不仅有中心论点，而且还有若干分论点，甚至分论点下面还有更小的论点。在编列提纲时，要把它们放到合适的位置，在什么样的情况要说什么话，逐条进行整理，这样中心论点和分论点都会清楚地呈现在你的眼前。你的讲话思路也会更加清晰。

3. 拟定好材料，把它们收集在一起

讲话所用的材料包括事实材料和事理材料。事实材料主要包括例证、数据和实物等；事理材料主要包括科学原理、科学定律、法律条文、有关文件规定以及名言、警句、谚语、成语等。这些材料，有的可以简明扼要地摘抄在提纲上；有的可以仅仅在提纲上做个标记而另外制作卡片；必要时，还可以编排绘制成不同的图表，这样，使用起来就可以得心应手，灵活方便。

4. 编列讲话的内在逻辑联系、讲话内容和讲话层次的先后顺序

有时候一场讲话需要涉及多方面的内容，这就导致整篇讲稿显得头绪繁多，结构层次复杂，所以在编列提纲的时候，就要注意分清楚主次，以便根据不同内容的轻重缓急来决定它们的排列顺序，先讲哪些内容，后讲哪些内容，这里面有个内在的逻辑问题，不能随便颠倒。否则容易出现轻重倒置、前后脱节等问题。

5. 讲话的开头和结尾

讲话的开头和结尾对讲话能否获得成功影响极大。为此，编列讲话提纲时应该考虑清楚：到底采用什么样的方式开头和结尾，才能获得讲话的最佳效果。这两个部分的内容在通篇讲话中占的篇幅虽然不算太大，但其作用却是忽视不得的。

知道听众是谁

脱稿讲话前一定要认真了解你的听众构成，知道听众都是谁，将会有哪些人群听你的讲话，特别应分析听众对本次讲话的兴趣是什么，有些场合还要注意禁忌，以利于你找准讲话主题，或为主题提供听众感兴趣的辅助内容。

在脱稿讲话的时候，我们知道了听众是谁，才能够对症下药，正如中医讲究"望闻问切"，根据一个人的病理特征开具药方才能药到病除。我们也可以根据听众的情况，进行针对性的讲话，这样我们就能充分地做好脱稿的组织思路，让我们的讲话更加精彩。

通常来说，演讲者对听众的了解越多，就越利于讲话的进行。具体来说，对于了解听众的内容可以包括以下几个方面：

（1）年龄阶段。听众的年龄和他们的阅历、理解程度、词汇量多少是息息相关的。换句话说，不同年龄段的人，通常来讲他们掌握的词汇和知识会有很大的不同。比如说：对于二十多岁的听众来说，你和他们讲以前的生活怎么样，怎么艰苦，他们很难有直观的认识，因为他们不曾生活在那段时期，所以也许不会理解你的心情。因此，演讲者在讲话时需要根据年龄状况，讲出适合听众的话。

（2）教育程度。演讲者在讲话之前一定要事先了解听众的受教育程度，以便对自己的讲话进行内容深度和知识广度的丈量，这样一来，自己讲话的内容，包括主题和词汇才能够被台下的听众所接受，同时也有助于双方进行流畅的交流和互动。

（3）个人信仰。从心理学上来讲，听众的信仰要比他们的年龄和受教育程度要重要得多。原因很简单，信仰和一个人内心的世界有着很大的关联。最好对台下观众的信仰做好事先的调查，以免出现不必要的尴尬，给脱稿讲话带来麻烦。

（4）性别特征。自古以来都说"男女有别"，正因为如此，不同性别听众对于演讲者讲话内容关注的部分也不尽相同。当你知道听众多是男性的时候，你就要多讲一些军事、政治、房产、汽车等男人们感兴趣的话题；当你知道听众多是女性的时候，就要多谈及时尚、情感、化妆、购物等女性感兴趣的话题。

千万不要交叉着讲。在女人的面前讲男人的话题，在男人的面前讲女人的话题，这样很可能让听众失去听的兴趣。在讲话方式上，对男人要采取刚毅直接的方式，对女人最好采取温婉可亲的讲话方式。

正所谓"磨刀不误砍柴工"，对于听众的了解就恰如"砍柴"前的"磨刀"，这是一个必要的铺垫过程，对于听众了解得越详细，越能参透他们内心的需求。反之，一场对于听众一无所知的演讲很容易变成孤军奋战的不堪经历，其结果往往是徒劳无功。

第二节

做到不读稿也不背稿

通读记忆与讲出来的记忆

在脱稿讲话的时候,我们经常会发现这样的情形:精心准备的讲话要是逐字逐句地背诵,面对听众时很容易遗忘,即使没忘,讲起来也会显得机械生硬。这是因为它不是演讲者发自内心的言辞,而只是在应付记忆。

为了能够流利顺畅而又充满激情地进行脱稿讲话,我们首先要放弃背稿的念头,然后静下心来好好地读已经准备好的讲稿,并且不要强制自己去背,只要把主要的意思和框架熟记在心中即可。

其实,在准备讲话的过程中,最好将自己的生活和经历融入演讲的内容之中。在自己的生活背景中,搜寻有意义、有人生内涵的经验,然后,把从这些经验中汲取的思想、概念等汇集在一起,并据此深思题目,让讲话的内容更为丰富和生动。这些源自生活的经验,你不需要背诵就可以记住。

将文字实体化，形象记忆法

很多人在脱稿讲话时，犯愁怎样去记稿子，特别是在对于那些复杂或者是不熟知的稿子，总是觉得记起来特别费劲，在讲话时很容易出现忘词的现象。所以，我们就需要采取一些技巧和方法来帮助我们增强记忆。

众所周知，抽象的事物只有转化为具体熟知的事物才能被人们记住，所以我们可以用形象记忆法来帮助自己强化记忆。换句话说，我们可以采用具体事物来帮助自己记忆。根据科学家们的研究的结果，在人脑的记忆中，形象信息远远多于语言信息，它们的比例是 1000∶1，足以证明形象信息是打开记忆大门的钥匙。因此，我们要学会运用这样的方法来帮助我们记稿子，不但会让我们记起来更有趣，同时也避免忘词现象的发生。

形象记忆法大都是通过谐音来产生联想或者通过派生形象等增强记忆的方法产生效果。因此，首先我们要对"谐音"有个清楚的认识和了解：在我国传统文化中，"鱼"可以象征"余"，如"年年有余"。"鸡"变"吉"，"荷"变"和""合"等，这是一种文字谐音方法。还有数字的谐音，比如说一个人的车牌号码是"1818"，大家一定知道这是"要发要发"，这就是谐音更意（谐音所表达的另一种意思）。而数字谐音是为了把无意义的数字变成有意义的文字来记，文字谐音是为方便自己记忆另起"更有趣的炉灶"，文字记忆有无必要"再转个弯子"谐音去记忆？我们先举个例子：在美术色彩协调中有一种机械方法，以绿色为主时，可配白、蓝、黑、橙、黄、棕六种颜色。用谐音去记忆则：路白难黑成棕黄。注意用"路"的形象去想。如此一编马上就记住了！以此为参考，我们就可以采用谐音联想法来帮我们快速地熟记稿子。

在脱稿讲话上，倘若采用死记硬背机械记忆，效果如何想必大家心里清楚。谐音法比较适合记无意义的难记而又琐碎的事情，琐碎的事情常常是"散意""无意"的，有了谐音形象记忆法帮助，我们就可以利用它给这些难记知识赋予新的意义和生动形象的意义。

熟记提纲

提纲是整个脱稿讲话的总体思路和框架。脱稿讲话时，只有按照既定的提纲，围绕设定好的演讲结构，才能进行充分的发挥，演讲思路才不会被打断和阻隔。所以，熟记提纲对于脱稿讲话就显得尤为重要。倘若你不熟悉自己的讲稿提纲，你的紧张感就会逐渐增强，自信心会明显不足，很可能会给演讲带来负面的影响。

那么，具体来说我们怎样才能熟记演讲提纲呢？一般来说分为以下几个步骤：

第一步是识读。演讲者只需要大体了解整体与细节，对稿子有个概观和微观，把握题旨，掌握例证阐述的环节，包括引述的事实、名人名言等，其中最有说服力的是准确无误的数字。对于这些要做到反复阅读，并且要快速地记在脑子里。

第二步是诵读。朱熹说："凡读书……须要读得字字响亮，不可误一字，不可少一字，不可多一字，不可倒一字，不可牵强暗记，只是要多诵数遍，自然上口，久远不忘。"的确，唯有如此，脱稿之类的当众讲话才能有理有据、有情有感、有声有色。而诵读对于增强记忆十分重要，这对于熟记提纲有着十分重要的作用。

此外，在大声诵读的时候，我们还要联系当时可能发生的情况，或者会用哪些表情、动作，争取做到在熟记提纲的同时，也能尽早让自己适应角色。

第三步是情读。情读就是要在充分理解演讲稿的基础上，用适度真实的情感来表达自己的观点。在熟记提纲时，切忌过多地投入感情。不要因为自己理解和熟记了提纲就开始胡乱地抒发情感。

综上所述，熟记提纲，一要用眼睛——识读，二要使口舌——诵读，三要动心思——情读。只有整体的、综合的、全方位的记忆，即"立体记忆"，才能深入人脑，打动人。

这里要提醒大家的是，提纲只是一个大致的思路，至于里面具体需要怎么讲，是要在现场即兴发挥的，因为即兴的语言才会有生命力和感染力，所以，在记提纲的时候，只需要把大致要讲的内容、思路和框架记下来就可以了，并且一定要做到熟记。

反复预讲

如果你已经写好了脱稿讲话的讲稿，为了让自己不读稿也不背稿，这就需要你在正式讲话之前进行反复预讲。俗话说："台上一分钟，台下十年功。"虽不需要十年那么夸张，但也需要我们不断地训练自己以适应不同环境、不同时段的脱稿讲话。比如说：你可以站在镜子前面练习，或者将演讲录下来，或者在几个朋友面前预讲等。采取这样反复的预讲可以帮助我们减缓紧张不安的心理，提升讲话的效果。

反复的预讲是做好脱稿讲话一个重要的步骤，也是脱稿讲话准备工作一个重要的环节。古今中外的演说家，都很重视在正式演讲之前的预讲。古希腊的德摩斯梯尼曾把自己关在地下室书房长达三个月，专门在书房里练习演讲，学习演讲的技巧。为了让自己下定决心，他发誓只要自己达不到目的，就绝不让自己走出书房一步，甚至他还剃掉自己的头发。等到头发重新长出来，德摩斯梯尼也终于走出地下室，成了一个造诣颇深的演说家。

不仅德摩斯梯尼如此，曾任微软公司全球副总裁的李开复也非常重视在演讲之前的预讲。每当在演讲之前，他都会事先做好预讲，每次都要请一个朋友去旁听，之后给他提出意见。他曾对自己承诺，不事先排练三次，是绝不上台演讲的。在一个月的行程之内，都会安排两场演讲，在每次演讲之前都要排练三遍，专门找一个人听，这也就是所说的231工程。所以，为了让脱稿讲话更成功，我们需要进行反复预讲，那么在预讲的时候，需要注意哪些方面呢？

1. 排练时要注意时间控制

在预讲的时候，要做好时间的把握，因为有些脱稿发言是有时间限制的。太长的发言易让听众厌烦；太短的发言则可能会被认为是在敷衍了事。所以，在预讲时，要用手表为自己计算好时间，如果时间太长，就需要缩减演讲内容，如果时间太短，就需要对内容进行丰富。经过了预讲，可以对自己的演讲时间做到心中有数，避免各种情况的发生。

2. 预讲时要使用正式讲话的全部材料

在预讲的时候，要做到全真模拟。如果你在预讲的时候，有的材料你讲到了，有的材料你觉得很简单不用讲，那么，在真正地脱稿讲话时就容易出现问题。比如说：在预讲的时候，本来为了说明事实要举出一个例子，可是你自认为太简单了没必要，在几次预讲的时候都没有讲到这个，那么在正式脱稿的时候，由于一些惯性，也不会有意识地提到，并且还会因为感觉自己落下了一些东西而感到别扭，越想越是想不起来，这就会造成思维的断档。所以，在预讲的时候，要做到全部排练，最好是全真模拟，只有这样才能在真正脱稿讲话时万无一失。

3. 做好最后一次排练

即使你反复预讲了很多次，但是在正式演讲之前还要再排练一次。如果正式演讲是早上九点开始，那么你需要在早上六点钟起来预讲一下，这样在台上你对稿子就会像对密友一样熟悉。

也许上述的注意事项，你会觉得很麻烦，很没有必要，但无数事实证明，每个成功的演说家都是这么走过来的。戴尔·卡耐基在总结成功的演讲经验时说过："一切成功的演讲，都是来自充分的准备。"的确，预讲也是准备工作之一，而且也是非常重要的环节，只有把这部分做好，我们才能在正式的脱稿讲话中自然而流利地展现自己的风采。

第三章 ▷

言语生动，听众才不会"打瞌睡"

第一节

在开场白上下功夫

开场白至关重要

好的开头是成功的一半。对于脱稿讲话来说，这句话同样适用。关于开场白的重要性，许多名人做出过很好的忠告。高尔基曾说："最难的是开场白，就是第一句话，如同在音乐上一样，全曲的音调，都是它给予的。平常得花好长时间去寻找。"高尔基的这段话包含两层意思：第一，开场白至关重要，它的作用如同音乐的"定调"，规定着全曲的基本面貌和基本风格。第二，适当的开场白不是那么容易找到的，它是长期积累和苦心钻研的结果。

获得听众好感的方式有多种。有的是在开头采用幽默语、形象语、发问语、警句、格言、典故、谚语等以引起听众的兴趣；有的语言朴实无华，但提出的是党和国家的重大问题；有的则充满激情，具有振奋人心的作用。作为演讲者，不管你准备了多少内容，最初的 30 秒都是最重要的。不要小看这短短的开场白，它将决定此后你所说的每一句话的命运。听众将根据你给他们留下的第一印象来决定是否耐心聆听你的讲话。因此只有独具匠心的开场白，以其新颖、奇趣、敏慧之美，才能给听众留下深刻印象，才能立即控制住场上气氛，在瞬间集中听众注意力，从而为接下来顺利讲话搭梯架桥。

开场白没有固定的格式，可以千变万化，但无论是采用哪种方式作为开场，都应该注意不要一开始就说很多客套话，也不要故弄玄虚，而要提纲挈领地说明讲话的主旨。

鲁迅的演讲《少读中国书》的开头是："今天我的讲题是，《少读中国书，做好事之徒》。我来学校是搞国学研究工作的，是担任中国文学史课的，论理应当劝大家埋首古籍，多读中国书。但我在北京，就看到有人主张读经，提倡复古。来这里后，又看到有些人抱着《古文观止》不放，这使我想到，与其多读中国书，不如少读中国书好。"这样的开头不仅交代了演讲的题目，而且点明了演讲的主题，起到了提纲挈领的作用。

曾有人指出：如果没有一个好的开头，想在整个讲话过程中始终做到轻松、巧妙地与听众交流思想是颇为困难的。通常那些有丰富的演讲经验和演讲学识的演讲家，都十分重视开场白。之所以这样说是因为：开场白是演讲者传递给听众的第一个同时也是最重要的信号，能否抓住听众的注意力，引发他们听的积极性和兴趣就取决于这最初发出的信息。所以，一个精彩的开场白不仅能为整场讲话添彩，也更容易让听众关注并认可接下来的讲话内容。但不管是哪种开场白的方法，使用时都应注意，要因人而异，因事而异，灵活掌握。

10 种精彩的开场白方式

大凡成功的演讲，都要在演讲稿开头下一番功夫，精心设计和安排好开头，力求开头像凤凰之冠那样俊美、漂亮。演讲稿开头的艺术性，概括地说，就是要求"镇场"。下面就为大家提供 10 种比较有特色的开场白方式。

1. 设问式

设问式开头可以制造悬念，促使听众集中注意力，积极思考。如李大钊的《庶民的胜利》，一开始就提出几个问题："我们这几天庆祝战胜，实在是热闹得很。可是战胜的，究竟是哪一个？我们庆祝，究竟是为哪个庆祝？我老老实实讲一句话，这回战胜的，不是联合国的武力，是世界人类的新精神。"

对于设问式开头应注意：不能泛泛地为提问而提问，提问的信息要与对象、场合相适应，同时讲究内容的合理性和确定性，要使听众感到新鲜，出乎意料，能激发听众积极思考，而且与后面阐述的问题联系紧密，能巧妙自然地引出讲话的主体内容。

2. 故事式

演讲者一开始就讲述新近发生的奇闻怪事、令人震惊的重大事件或生动感人的故事，这种开头，由于故事具有情节生动、内容新奇等特征，容易赢得听众的关注，并能造成悬念，激起听众的兴趣。如《救救孩子》是这样开头的：

去年 5 月 24 日的《新民晚报》，披露这样一个事实：一个四年级的小学生，每天要带父母亲手剥光了壳的鸡蛋到学校吃。有一次，父母忘了给鸡蛋剥壳，差点憋坏了孩子，他对着鸡蛋左瞅瞅，右看看，不知如何下口。结果只好原蛋带回。母亲问他怎么不吃鸡蛋，回答很简单：没有缝，叫我怎么吃！

通过这个小故事的开头，引发了听众的思考。然后，演讲者提出：我们是否也应该考虑一下孩子的社会生活能力究竟怎样？今后他们能自立于社会，贡献于社会吗？

用故事触发兴趣的开头，要做到叙事简明扼要，短小精悍，不可啰唆拖沓；事情本身要有针对性，耐人寻味，能触发听众兴趣；所叙事情要与中心论题密切相关。

3. 提问式

提问式开场白，也叫作"问题引路"。演讲者一上台便向听众提出一个问题，请听众和自己一起思考，这样可以立即引起听众的注意，使他们一边迅速思考，一边留神听。这样，不仅有利于集中听众的思想，而且有利于控制场面。同时，听众带着问题听讲，将大大增加他们对讲话内容认识的深度和广度。

4. 悬念式

悬念式开场白即开头讲一个内容生动精彩、情节扣人心弦的小故事，或举一个触目惊心的事实来制造悬念，使听众对故事发展和人物命运深表关切，从而仔细听下去。例如，李燕杰的演讲《爱情与美》是这样开头的：

前年四月，北京一家公司的团委书记邀请我去做报告，我因教学任务紧张推脱不去。这个团委书记恳切地说："李老师，你一定要去，我们这次是请你去救命的。"我很纳闷……

听演讲者这么一说，听众也纳闷了：到底发生了什么事，非请他去不可？这样开场，吸引力极强。

5."套近乎"式

演讲者根据听众的社会阅历、兴趣爱好、思想感情等方面的特点，描述自己的一段生活经历或学习、工作中遇到的问题，甚至讲自己的烦恼、自己的喜乐，这样容易给听众一种亲切感，他们会自然而然地把你当成"自家人"而乐于听你讲。例如，项金红同志一次应邀到某体育学校演讲。一开始，他就介绍自己学生时代曾是学院田径代表队的队员，使听众觉得他是同行，有共同语言，双方的感情距离一下子缩短了。

6. 赞扬式

人们一般都有爱听赞扬性语言的心理。说几句让听众感到舒服的话能收到奇功异效。演讲者在开场时说几句赞扬性的话，可尽快缩短与听众的感情距离。有位演讲者到宜城做演讲，开场白充满赞美之情：

有人问我，最喜欢哪一首民歌，我脱口而出：《回娘家》！是的，宜城是我的娘家，是我母亲的土地。我热爱宜城，赞美宜城，也许首先是因为我们宜城人外表美。古代宜城有个叫作宋玉的大文学家写道："天下之美在楚国，楚国之美者在臣里，臣里之美者为臣东邻之女，臣东邻之女，增之一分则太长，减之一分则太短，施朱则太赤，着粉则太白。"宋玉说，天下最美的人是我家东边隔壁的那位姑娘，那位姑娘增一分就太高了，减一分又太矮了；抹点胭脂太红了，擦点粉又太白了。各位老乡，你们说我们宜城人美不美呀？

听众热烈鼓掌。演讲者的巧妙引用，深情赞美，一下子抓住了听众的心。接着他讲宜城人心灵如何美，家乡如何可爱，一步步切入"爱家乡才能爱祖国，爱祖国就要投身改革大潮，创造有价值人生"的主题，收到了良好的效果。

7. 新闻式开场白

新闻式开场白，即一开始就发布一条引人注目的新闻，以引起全场听众的高度注意。运用这种方式开场要注意两点：一是新闻必须真实可靠，切不可故弄玄虚，否则愚弄听众只能引起反感；二是事件要新，不能用早已过时的"旧闻"充当新闻。

8. 道具式开场白

道具式开场白，也叫"实物式开场白"，即开讲之前先展示某件实物，给听众以新鲜、形象的感觉，引起他们的注意，从而一下子抓住听众的注意力，收到意想不到的效果。

有位演讲者向数百名教师做一场题为《做教育改革弄潮儿》的演讲。一上台就展示出齐白石的名画《雏鸡》，当听众的目光全被吸引过来之后，他才开口：

请看，在这幅一米多长、一尺来宽的画面上，齐白石先生只画了三只毛茸茸、憨乎乎的小鸡，其余处皆为空白，这些空白，给我们留下了无限广阔的想象和再创造的天地。看了这幅画，你是否会想到雏鸡会长成"一唱天下白"的雄鸡呢？你是否感到了春天的无限生命力呢？每个人可以根据自己的体验想象到很多很多——这就是"空白"的魅力。我们做教师的，是否能打破45分钟的"满堂灌"，也给学生留下一点回味和进行创造性思维的"空白"呢？

9. 渲染式

渲染式开场白，即运用形象的，充满情感的语言开头，创造适宜的环境气氛，引发听众相应的感情，进而吸引听众。如恩格斯在《马克思墓前的讲话》的开头：

3月14日下午两点三刻，当代最伟大的思想家停止思想了。让他一个人留在房间里总共不过两分钟，等我们再进去的时候，便发现他在安乐椅上安静地睡着了——但已经是永远地睡着了。

这个开场白，只用了短短的两句话，便把听众引进了一个庄严、肃穆、沉痛的气氛之中，激发了人们对革命导师的景仰、悼念之情，有利于听众接受演讲者接下来要展开的论述。

10. 模仿式

模仿某个人的语调或动作姿态，使听众产生丰富的回忆和想象，有助于推动讲话的深入。

大家还记得吗？1980年12月，在世界杯亚太区足球预选赛中，中国队32岁的足坛老将18号容志行，（模仿宋世雄的音调）以其熟练、细腻、漂亮的盘带动作，晃过了对方三个后卫队员的拦截，在离对方禁区 15 米远处起脚射门！射出一个什么呢？射出了一个"足球热"。

由于演讲者模仿得惟妙惟肖，一下子就使全场的气氛活跃起来。但运用模仿式开场白，要注意内容、场所、听众心理、民族风格等因素的制约，要以讲为主，以演为辅，且适可而止，否则会使人觉得华而不实，产生逆反心理。

赋予名字一个说法

在脱稿讲话时，开场白往往是点睛之笔，对整场讲话起着至关重要的作用，有时甚至决定讲话成败。如果在讲话开始听众对你的话就不感兴趣，注意力一旦被分散，那后面再精彩的言论也将黯然失色。有很多人喜欢在开场的时候先做自我介绍，第一句一般都是先说自己的名字，但这个过程一点也不出彩，很难引起听众的兴趣，你的名字也会很快被忘记。所以，要想开场的自我介绍能吸引人，就要在说法上下功夫，不妨试着给自己的名字编上特殊的意义，让听众一听就能记住演讲者，而由这个特殊的名字对接下来的讲话内容也产生兴趣。

在公众前做自我介绍和在生活社交中的自我介绍就不一样了，不能像生活中的自我介绍那么简单，毕竟你站在一个舞台上，既然站上去了，就让大家对你多了解点，你也能把握机会宣传下。自我宣传其实是一件非常重要的事，我们要学会不断去宣传自己，让更多人知道你，并对你留下深刻印象。那么，对于一些不像那些成功人士一样有"成就"可随时宣讲的人来说，用什么话题开场能适用于任何场合呢？不妨在自己的名字上做文章，因为名字人人都有，赋予它一个特别的说法，不仅能让听众快速记住你，而且这个开场可以说处处皆可用。

下面三个范例也可以作为参考，希望对大家以后讲话时的开场白有帮助：

亲爱的朋友们，大家下午好！我叫张文魁，弓长张，文武双全的文，一举夺魁的魁，来自思贤教育，今天很高兴能在这里认识这么多优秀的朋友，那么祝福在座的每一位朋友，自从认识文魁这一刻起，家庭更幸福，事业更成功，文武双全，一举夺魁！谢谢！

我姓宋，名德让。有一次，一位朋友对我说，他最愿意和我做生意，我说为什么，他说，和你做生意不吃亏，因为你送（宋）了还得（德）让。

我姓巩，巩俐的巩，虽然和这位大明星是一个姓，我的艺术细胞却少得可怜。但我的名字却有骨气，红梅，它欺霜赛雪，傲寒迎春，自古以来就被文人雅士所喜爱，希望大家记住巩红梅。

受以上范例启示，相信你也能给自己的名字赋予一个有趣的说法，让听众印象深刻，很容易就记住你。

第二节

主题部分内容与形式俱佳

话题选择要亲民

　　主题选定了，还要收集相应的材料对之进行论证。材料的选择要通俗，要选择大多数人都知道的、听得懂的，而不能选择太生僻的、很少有人知道的。因为听众没有时间去验证或查找这些材料的内容或出处。因此，在准备讲稿之前首先要了解听众的情况：他们是什么人，他们的思想状况、文化程度、职业状况如何，他们所关心的问题是什么等。掌握了听众的特征和心理，在此基础上恰当地选择材料、组织材料，是讲话成功的必要条件。

　　一般来说，听众怀有浓厚兴趣的话题大多为以下几种类型：

　　（1）满足求知欲的话题。人们对于陌生的知识领域或神秘不可及的事物总是充满了探索的欲望，于是便希望掌握各类知识，以解除内心的迷惘和困惑，充实和发展自己。这是人类生存的本能需要。

　　（2）刺激好奇心的话题。因为每个人都有好奇心。我们可以通过各类趣闻、名人轶事、突发事件、科学幻想、传奇经历等内容来激发听众的好奇心。

（3）与听众利益息息相关的话题。听众最关心的无非就是涉及自己切身利益的事情。因此，凡是关系到吃、穿、住、行等利益的讲话必定会受到欢迎。

不过，高明的演讲者更应该具备把间接涉及听众利益的话题转化为与听众直接相关的话题的能力。

（4）有关信仰和理想的话题。没有探索、没有理想、没有事业的生活将是一片空白。无论古今中外，人们都在为信仰和理想孜孜不倦地探索和追求着。因此，有关这方面的话题定能投大众所好，尤其是青年听众。但讲话的内容必须有针对性、现实性和生动性，否则将不能引起听众的共鸣，也达不到讲话的目的。

（5）娱乐性话题。平淡无奇或过于严肃沉闷的内容不可能取得讲话的成功。然而若能在讲话中穿插些幽默、笑话或娱乐性故事类的话题，就能在短时间内提起听众的兴趣，这种话题大多用于礼仪场合，出于交际的目的。

（6）满足听众优越感的话题。世界上几乎没有人不喜欢"奉承"。所以演讲者应尽量掌握听众的基本情况，以便在讲话过程中穿插一些能满足听众优越感的话题，以期收到良好的效果。

另外，演讲理论家邵守义也在《实用演讲学》一书中说道："演讲者只有了解听众，并从听众的实际出发，有针对性地选用材料，才能唤起听众的听讲热情和兴趣。"也就是说，选用有针对性的材料，讲话才能吸引听众。

论据运用，要有话说

大多数演讲稿的本质就是一篇议论文，目的是证明某一个观点的正确性。所以，论据就成了演讲稿中不可缺少的一部分，它是证明观点的材料。观点要让人信服就不能只是空洞地说教，需要有充分的论据来证明。

在议论文里，论据可以分成事实论据和道理论据两类。事实论据，包括有代表性的确凿的事例、史实以及统计数据等。"事实胜于雄辩"，典型的事实论据，常常是最有说服力的证明材料。因此，使用事实论据，让事实说话，是写议论文章常用的基本方法，也是我们写演讲稿时应该被提倡的方式。在使用事实论据证明某一个观点时，需要注意以下几个问题：

（1）要注意事实材料的真实性，切忌胡编乱造。比如有时候由于材料记忆不准，又懒得再去核实，就把爱迪生发明电灯的事情安到了爱因斯坦身上。但事实又是被大多数听众所熟知的，一听就知道你所说的是错误的，当然会影响到效果，而且还会使听众对你的学识产生怀疑。

（2）要注意材料与观点的一致性，特别是那些内涵丰富的材料，一定要仔细斟酌。有时，一件事情的成因是多方面的，如果把握不好其中诸多因素的细微差异，就会造成论据与观点脱节。材料的主旨与观点须一致，才能证明观点的正确性。

（3）用事实论证还要注意对事实的分析论述。不能只是将事实一摆，事例讲完就不管了。只有经过分析论述，事例才能更有效地证明观点。

（4）事例的指向性和论证意识要鲜明突出。在讲述事例时，最好使用概述的方法，详细叙述能够证明观点的主要情节。在能够有力论证观点的前提下，事例的叙述，应是越简洁越好。但有些人讲事例时缺乏论证意识，洋洋洒洒地把事情的全部经过描述一遍，占用的篇幅很大，却不能有力地证明观点。所以这一点应该注意，论述之前一定要明白你想要表达什么观点，然后在事例中找相同的部分，重点讲这一部分，其他辅助的材料可以几句带过。

与事实论据不同，道理论据是指经过实践检验的精辟理论、名言警句、民间谚语及公认的事理等。这样的言论有着一定的权威性和可信度，引用为论据，也能有力地证明观点，增强说服力。比如，要论证"贵在坚持"这一观点时，可以引用先贤荀子的名言"锲而舍之，朽木不折；锲而不舍，金石可镂"，因为这句话和观点十分贴切，其证明效果就很好。

使用道理论据，要注意所引语言与论点的一致。有的人在写讲稿时因为引言得之不易，内容又好，不忍割爱，硬塞入文，反而破坏了讲稿内容的统一。比如有人在论证"骄傲使人落后"的观点时写道："马克·吐温曾说'每一个人都是一个月亮，他的一个阴暗面，从来不让任何人看见'。这不正说明了人不能骄傲的道理吗？"显然，这则名言的使用是不恰当的。马克·吐温的话，意思是人都有两面性，这与"骄傲"并不是一回事，不能被用来证明观点。使用道理论据还要注意保证引言的准确，引文的内容及出处都不能有误。论据不真实、不准确，必定会削弱讲话的说服力。

准备有"适合性"的讲话内容

有人凭着三寸不烂之舌，不用一兵一卒，便能连下数城；也有人单枪匹马，面对众多敌人，慷慨陈词，结果竟化敌为友；陈胜当年揭竿而起，振臂一呼，天下便风云响应，这与他那次成功的讲话很有关系。

一场成功的讲话，是一枝神奇的枪，一柄锋利的剑。而一场成功的讲话，又首先取决于一篇成功的讲稿。

当然，正如"诗无定法"一样，讲稿的写作也可以说是没有定法的。但一般来讲，它又具有一定的规律可循。

首先，讲稿的内容、风格要根据对象、场合，甚至演讲者本人的一些特定情况而定。用美国演讲专家多利斯·莎劳夫的话讲，讲稿既要适合你，又要适合他，同时，还要适合当时的场合以及规定的时间。

其次，演讲稿一定要有充沛的感情，有较强的说服力。当然，二者在一篇讲稿中有时允许有所偏重。如果是一篇呼吁性的讲话，由于要考虑到它的煽动性，可以偏重充沛的激情；如果是一篇辩论性的或是一篇劝导性的讲话，由于要以理服人，所以，它可以偏重逻辑性、论证性。不过，如果能将二者统一在一篇讲稿中，则更好。

像闻一多先生的《最后一次的讲演》，便可以说是一篇富于激情，具有很强说服力的讲稿。正因为如此，它不仅在讲演当时获得了数次的热烈掌声，而且，它至今仍回响在我们的耳畔，使我们缅怀先烈，痛恨敌人，时时想起闻先生的音容笑貌。

再如荣获北京市首届大学生演讲比赛一等奖的题为《弱者，你的名字不是女人》（张红、粟红钢撰稿，周怡演讲）的讲稿，也是热情洋溢，充满着时代气息的。它抓住当时社会上人们普遍注意到的女同志的事业和家庭生活的矛盾，层层剖析，步步推进，充分表达了 20 世纪 80 年代的女大学生的宏伟抱负和崭新的生活观。在这篇讲稿中，作者以极富煽动性的语言，大声疾呼：

前人经验也告诉我们，女性同样可以在事业上获得辉煌的成绩。只不过作为女性，要多付出三分汗水、五分勇气、十分毅力、十二分艰辛。（议论、笑、掌声）我们既要事业也要生活，这就注定我们将终生忙碌。

我们认了！（长时间热烈鼓掌）

……

让怯懦的人去徘徊吧，让俗人们去议论和怜悯吧。同伴们，我们走着自己的路！弱者，你的名字不是女人。（持久而热烈的掌声）

听着这样的演讲，有几个勇敢的女性不把巴掌拍破？听着这样的演讲，又有几个新时代的女大学生不为之激动呢？

富于激情、富于煽动性的讲稿在中外历史上是很多的。

当然，有的讲稿是以雄辩性、逻辑性、说服力著称的。比如美国独立战争与建国时期著名的政治家和演说家佩特瑞克·亨利的《诉诸武力》即是。

紧紧抓住听众的注意力

听众的注意力是有限的，无论演讲者怎样努力，总会遇到听众注意力不集中的情况，在这种情况下，讲话时需要想一些办法把听众的注意力吸引回来，否则就会导致讲话的失败、会场秩序的混乱。

1. 声东击西

所谓声东击西，兵法原文是这样写的："凡战，所谓声者，张虚声也。声东击西，声彼而击此，使敌人不知其所备。则我所攻者，乃敌人所不守也。"它的意思是：凡是作战，所谓声，就是虚张声势。在东边造声势而袭击的目标是西面，声在彼处而袭击此处，让敌人不知道如何来防备。这样我所攻击的地方，正是敌人没有防备的地方。

我没有踌躇过一刹那，去放弃那遵循格律的戏剧。地点的一致对我犹同牢狱般地可怕，情节的统一和时间的一致是我们想象力的沉重桎梏。我跳进了自由的空气里，这才感到自己（生长了）手和脚。现在，当我认识到那些讲究规格的先生们从他们的巢穴里给我硬加上了多少障碍时，以及看到有多少自由的心灵还被围困在里面时，如果我再不向他们宣战，再不每天寻找机会以击碎他们的堡垒的话，那么我的心就会愤怒得碎裂。

法国人当作典范的希腊戏剧，按其内在的性质和外表的状况来说，就是这样的：让一个法国侯爵效仿那位亚尔西巴德却比高乃依追随索福克勒斯要容易得多。

开始是一段敬神的插曲，然后悲剧庄严隆重地以完美的单纯朴素（风格），向人民大众展示出先辈们的各个惊魂动魄的故事情节，在各个心灵里激动起完整的、伟大的情操；因为悲剧本身就是完整的、伟大的。在什么样的心灵里啊！

希腊的！我不能说明这意味着什么；但我感觉出这点，为简明起见，我在这里根据的是荷马、索福克勒斯及忒俄克里托斯：他们教会我去感觉。

同时，我还要连忙接着说：小小的法国人，你要拿希腊的盔甲来做什么？它对你来说是太大了，而且太重了。

因此所有的法国悲剧本身就变成了一些模仿的滑稽诗篇。不过那些先生们已从经验里知道，这些悲剧如同鞋子一样，只是大同小异，它们中间也有一些乏味的东西，特别是经常都在第四幕里，同时他们也知道这些又是如何按照格律来进行的。这方面我就无须多花笔墨了。我不知道是谁首先想出把这类政治历史大事题材搬上舞台的。对这方面有兴趣的人，可以借此机会写一篇论文，加以评论。这发明权的荣誉是否属于莎士比亚，我表示怀疑；总而言之，他把这类题材提高到至今似乎还是最高的程度，眼睛向上看（的人）是很少的，因此也很难设想，会有一个人能比他看得更远，或者甚至能比他攀登得更高。

莎士比亚，我的朋友啊！如果你还活在我们当中的话，那我只会和你生活在一起；我是多么想扮演配角匹拉德斯，假如你是俄来斯特的话！而不愿在德尔福斯庙宇里做一个受人尊敬的司祭长。

这是歌德纪念莎士比亚的一篇演讲，但是他并没有直接说明莎士比亚的作品有多么的优秀，而是在说明另一些作品的特点，最后通过这样的比较来达到了赞美莎士比亚的目的。声东击西，是忽东忽西、即打即离的一种演讲方式。如果我们发现听众对于演讲的内容出现了疲劳和厌倦，在采用正攻的方法无法取得预期效果，这时可以采取佯攻，突然说些表面上和演讲没有太大关系的内容，反而能够引起听众的好奇心。

因此，在同听众的接触中，不要太急于暴露自己的意图，尽量将对方的注意力转移到他所感兴趣的地方，使对方逐渐对你产生信任感，从而建立起良好的关系，此时演讲才能取得良好的效果。

2. 投石问路

当演讲者不确定某个论点是否能吸引听众时就可采用这种方式。有时，为了了解对方心中的秘密，又不便直问，可以用"投石问路"的曲问法进行试探。对于一些敏感的人来说，问者便显得谨慎。投石问路之法也被广泛运用于审讯之中。

3. 欲正故谬

当演讲者发现听众走神时，可以故意将一些简单的问题说错，这样不但能吸引没有走神的听众们的互动，同时能将走神的听众的注意力吸引回来，还能够缓解演讲现场的气氛。

4. 欲实先虚

所谓欲实先虚，是演讲者为了让对方顺着自己的意愿来展开话题而设下的一个"圈套"。这是因为平铺直叙地将道理讲述出来，有时无法打动听众的心，不能吸引听众的注意力。这个时候，由演讲者先虚设一问，这一问乍一看与演讲内容毫无关系，或者让对方摸不清虚实，当对方给出答案后，这种答案其实正是演讲者想要的，这时演讲者就可以抓住对方的话柄，以此为契机，得出想要的结论。这时，听众也就无法否认自己刚才说过的话了，这样也就无法否认演讲者的结论了。通过这样的小"圈套"来达到演讲的目的。

第三节

结尾要有力，引人深思

号召式结尾

俗话说"编筐编篓，重在收口；描龙画凤，难在点睛。"美国作家约翰·沃尔夫认为"演讲最好在听众兴趣未尽时戛然而止"。其意就是说，最好在演讲达到高潮时果断"刹车"，以此来强化给听众的最佳印象。

演讲结尾的类型和方法，多种多样，不拘一格，归纳起来，常见的讲话结尾方式大体可以分为以下几种。

呼吁式结尾。如古希腊狄摩西尼的《斥腓力演说》是这样结尾的："即使所有民族同意忍受奴役，就在那个时候我们也要为自己而战斗。辞令的灵魂就是行动！行动！再行动！"这种结尾有利于号召听众愤然而起，具有强烈的鼓动色彩。

用提希望或发号的方式结尾。这种结尾是演讲者以慷慨激昂、扣人心弦的语言，对听众的理智和情感进行呼唤，或提出希望，或发出号召，或展示未来，以激起听众感情的波涛，使听众产生一种蓬勃向上的力量。

名言哲理式结尾

这种结尾方式，是通过引用名言、警句、谚语、格言、诗句等作为结尾，这样不仅使语言表达得精练、生动、富有节奏和韵律，而且还可以使讲话的内容丰富充实，具有启发性和感染力，同时还可以给人一种生动活泼、别开生面之感。

扶轮国际前社长哈里·劳德先生以这种方式结束他的演说："各位回国之后，你们之中某些人会寄给我一张明信片。如果你不寄给我，我也会寄一张给你。你们一眼就可看出那是我寄去的，因为那上面没有贴邮票。但我会在上面写些东西：春去夏来，秋去冬来，万物枯荣都有它的道理。但有一件东西永远如朝露般清新，那就是我对你永远不变的爱意与感情。"

这首短诗很符合他演讲的气势。因此，这段结尾对他来说，是极为合适的。

用名言式结尾，能给演讲者的思想提供有力的证明以增加讲话的可信度，使语言显得更加优美、含蓄，睿智大气，具有较强的说服力和鼓舞作用。

总结式结尾

以总结归纳的方式结尾。这种结尾用极其精练的语言，对讲话内容和思想观点做一个高度概括性的总结，以起到突出中心、强化主题、首尾呼应、画龙点睛的作用。

演讲者往往有种错误的想法，认为自己要讲的观点在自己脑海中如水晶般清楚，因此听众也会同样清楚。事实上并不尽然，演讲者对自己的观点已经思考过相当长的时间了，但对听众来说这些观点却是全新的。它们就好像一把丢向听众的弹珠，有的可能落在听众身上，但绝大部分则零乱地掉在地上。听众只能"记住一大堆事情，但没有一样能够记得很清楚"。所以有必要在演讲结束时总结一下观点。

祝福式结尾

诚挚的祝福本身就充满了打动人心的力量，最容易拨动听众的情感之弦，使之产生共鸣。所以，演讲最后用祝福语作为结尾，可以使讲话气氛变得欢乐愉快、热情洋溢，使听众在愉快中增加自豪感和荣誉感，而对于送出祝福的讲话人，当然也会心存好感，并因此认可你的讲话内容。如《在迎新茶话会上的演讲》的结尾：

最后，在春节即将到来之际，我借此机会向全市的父老兄弟、姐妹们拜个早年。祝老年人春节愉快、身体健康、寿比南山！祝中年人春节快乐、家庭幸福、事业成功！祝年轻人春节欢乐、爱情甜蜜、前程无量！祝大家年年幸福年年富，岁岁平安岁岁欢！谢谢大家！

人们一般都喜欢被赞美祝贺，因此，相互之间的赞颂成了人们交往的最好手段。通过这些赞颂的话，讲话氛围可以再次达到一个新高潮，讲者和听者的关系也会变得更融洽。但要注意演讲者在说这些赞颂的话时，不要过分地夸张和庸俗地捧场，否则听者就会认为你有哗众取宠之嫌。

第四节

在新意上做文章

老调新弹

法国的丹纳曾经说过："一切典型永远可以推陈出新，过去如此，将来也如此。"这句话同样适用于讲稿中，因为"喜新厌旧"是大多数人的通病，当一种形象或模式长期不变时，人们对它的兴趣就会逐渐降低。话语同样如此，一个道理总是被用同一个方式讲出来，听众就会厌烦，而老调新弹就是要我们从固定的模式中走出来，只要我们敢于和善于创新，就能使我们的言谈永葆生机和活力。

演讲也讲究"与时俱进"，需要创新，需要新的思维、新的模式，所以追求观点表达的创新是演讲者的重要任务。而创新并不是凭空臆想，而是要从"旧"的东西上挖掘出新的内容；旧，是新的基础，新的参考。这就像在市场经济中给商品换包装一样，同一种商品换一种新的包装，就给人耳目一新的感觉，增加商品的附加值，并激起消费者更强的购买欲望，比如大家最近些年来熟悉的月饼包装的更新换代。同样，在脱稿讲话时，把陈旧的观点道理"包装"一下，也可以让听众更容易接受。简单来说，还是那个词，老调新弹，在老旧的基础上说出新鲜的话题。

如联想集团创始人柳传志曾在演讲中说："联想集团培养人的第一个方法叫作'缝鞋垫'与'做西服'。"他的意思是培养一个战略型人才和培养一个优秀的裁缝是相同的道理，培养一个裁缝不能一开始就让他做出一件做工精良的西服，而是需要让他先学会缝鞋垫，鞋垫做熟练了再做短裤，然后学着做长裤、上衣，最后才能做出西服。培养人才也是这个道理，不能揠苗助长，操之过急，要一步一个台阶爬上去，这个并不新鲜的观点人人都懂。演讲者在这里把培养人才和培养裁缝类比，把培养人才的过程描绘为从缝鞋垫到做西服，用一个通俗而新颖的比喻给老观点披上了一件新外衣，内容是旧的，但形式是新的，可谓殊途同归，新意盎然。

除了"换包装"，还可以"破旧立新"，在旧的基础上树立新的内容。演讲中的破旧立新，就是在否定旧观点的基础上，提出与旧观点相反或相对的新观点，虽然破旧立新的难度和风险较大，但只要有实事求是的科学态度，有敢于将之说出来的勇气，就能收到震撼人心，甚至是一鸣惊人的效果。

生活中有许多流传甚广的话，如民谣、俗语、谚语等，但它们为人们所理解的内涵是相对固定的，如果演讲者能巧妙地借用这些老的形式，并加以"改装"，赋予它新的内涵，就能为我们在演讲中进行观点创新找到取之不竭的宝贵资源，而对于听众来说，则会使他们感到似曾相识但又侧重不同，只要演讲者能自圆其说且言之有理，就能在听众的认识上达成一种新的和谐。

化繁为简

现代的快节奏，要求演讲者的讲话要简短有力，化繁为简，而不是洋洋洒洒没完没了。如若那样，只会招来听众的反感。但有些人叙述一件事情，为了卖弄才华，极力地修饰他们的语句，用重复的形容词，或穿插些歇后语、俏皮话，甚至频繁引用经典、名人语录，使人摸不清他在说些什么。

有些人在说话时，东拉西扯，缺少组织和系统，也使人有不知所云的感觉。如果你要提升自己的影响力，只要在说话时记住要说得简洁扼要就行了。在话未说出口时，先打好一个腹稿，然后再按照秩序一一说出来。

美国著名幽默作家、演说家马克·吐温生平最头疼冗长的演讲。有一次，他在教堂里听牧师演讲，开始几分钟，他还听得津津有味，感觉讲得很有力量。准备在募捐时，将口袋里的钱悉数捐出。可是过了十分钟，牧师还没有讲完，他就改变了主意，决定给自己留下整元的钱，而只给牧师一些零钱。又过十分钟，牧师还未讲完，他就决定一分钱也不捐了。待牧师讲完，收款的盘子递到他面前时，马克·吐温非但没给钱，反而从盘子里拿出两美元。

这篇趣闻对喜好长篇大论"马拉松式"的演讲者是绝好的揶揄和讽刺。

演讲不仅要言之有物，还要言简意赅，化繁为简。在一般的情况下，没有必要滔滔不绝、长篇大论。简洁的话语常能让人有意犹未尽、余音绕梁之感。冗长而又素然无味的说话，不但无趣，还会让人觉得啰啰唆唆，使听者昏昏欲睡。

当演讲观点有高度概括性的时候，听众才容易记得住。常有人说："今天的发言我就讲一个字，一个字讲了半个小时。"有的人说："我就一句话，一句话讲了两个小时。"事实上，一个会议，一场演讲的内容，不要指望听众全记住，回去后能记住一个字、一句话就很不错了。

丘吉尔是英国历史上最著名的首相之一。他领导英国人民度过了战争的动乱灾难年代，引导英国走向辉煌。丘吉尔一生最后的一次演讲是在剑桥大学的一次毕业典礼上的演讲。

在上万名学生的注视下，丘吉尔在随从的陪同下走进了会场，挥挥手走向讲台。他脱下大衣交给随从，然后摘下帽子，默默地注视所有的听众。一分钟后，丘吉尔说了一句话："Never give up（永不放弃）！"说完后，丘吉尔穿上大衣，戴上帽子离开了会场。这时整个会场鸦雀无声，几秒后，掌声雷动。

"永不放弃"，这句话虽短，但浓缩了丘吉尔成功的根本原因。正是因这种"永不放弃"的精神，丘吉尔领导英国在极端艰苦的情况下挺过了伦敦大轰炸，最终战胜德国赢得了"二战"的胜利。

总之，语言的高度概括会使你的演讲内容更加容易让人记住。高度概括性的语言不一定是名人才有的，我们也可以，把话说得精炼，高度概括，大家自然印象深刻，同时语言层次上升到一个新的高度。有一句话是这样说的："能把一句话说成十句话的人是语言的庸才，能把十句话说成一句话的人是语言的天才。"另外，还要提醒大家，高度概括的语言要让听众明白，而不是自造一些词而使听众不明白。

给脱稿讲话加点料

"料",即"个性鲜明独特,与众不同"。脱稿讲话的"料",体现在演讲者敢于打破常规,标新立异,独树一帜。脱稿讲话有"料"的人,不按常规的思维去思考问题,不按传统的观念去看待事物,他们的讲话立意新颖,角度独特,语言亦庄亦谐,表达灵动、张扬,充满了张力和磁性。显然,加了"料"的脱稿讲话,更具震撼力和吸引力,它会激活听众的思维,带给大家更多的回味和思考。那么,如何给你的演讲加点"料"呢?

1. 欲抑先扬,"引君入瓮"

欲抑先扬,"引君入瓮"的目的在于让大家产生错觉,"诱导"大家的注意力固定在要表扬某人或某事上,然后突然向批评的方向转化,"期待"的落空使大家产生巨大的心理落差。这势必会带给大家更多的震撼。请看著名艺术家韩美林的一段演讲:

谁有权,谁钱多,谁就说了算。这就是没有文化的文化,用"没有文化"来干涉艺术,很可怕。也有的领导不错,很尊重艺术家。一次有一位领导同志,带了很多厂家,灯泡厂、钢铁厂的厂长来找我,说要让科学和艺术的两个翅膀结合起来。这位领导同志的想法很好,很正确,可是在审美上就有点问题了。我常说,一个人,他的世界观是正确的,但说不定他的艺术观会是落后的,甚至是反动的。这位领导总结得挺好,可下一句话我就听不下去了,他说,比如你画的猫头鹰,要是把两个眼睛挖了,放两个灯泡,我们不就结合了?(全场笑声)我当时就不客气了,就说干脆你把我的

眼给我挖了吧。（全场大笑，鼓掌）

这是韩美林在《没有文化的文化是可怕的》演讲中的一段，他运用巧妙的构思，幽默诙谐的语言，欲抑先扬，"引君入瓮"。当讲到"也有的领导不错，很尊重艺术家"这句话时，听众很自然就产生了思维定式：他要表扬尊重艺术家的领导了。可听到后边，大家发现演讲竟完全背离了大家的心理预期，没想到被演讲者"表扬"为尊重艺术家的领导竟会说出"比如你画的猫头鹰，要是把两个眼睛挖了，放两个灯泡，我们不就结合了"这么一句令人啼笑皆非的话语来，这里，演讲者带给听众巨大的心理落差，大家在惊叹感慨之后自然忍俊不禁地发出会意的笑声：原来他是在善意地嘲讽那些"想法很好，很正确"，却没有文化、不懂艺术的一些领导。先对这样的领导予以表扬，将听众骗到"圈套"中，再揭示真相，这种方法自然加深了听众对他演讲主题的认识：没有文化的文化是可怕的。

如果演讲者不是以这种幽默诙谐的方式，而是一本正经，板着面孔地讲"没有文化的文化是可怕"这么一个大而严肃的话题，就很难吸引大家的注意力，也很难引发大家对问题的深入思考了。

2. 暗示策略：寓理于事，不言自明

中国有句老话："只可意会，不可言传。"这句话一语道破很多无法用语言形容的景象和状况。很多时候就是这样，比如你看到一篇佳作，你被触动了，被深深打动了，可是如果有人说，你写篇读后感吧，那你多半要没了兴致，提笔也写不出心中的感受。

不过"只可意会，不可言传"，毕竟只是一个托词，对于朋友家人间的一些问题不好回答了，可以用这句话搪塞过去。然而在公

众场合，比如领导提问，记者采访或者像外交官一样代表国家形象去接受问答，这句托词就起不到作用。

如果对方问了一个让你非常棘手，不知如何回答的问题，该怎么办呢？你不回答会显得你无知，若是回答又没有贴切的语言可以描述。这时候你可以针对提问讲一个事例，让对方认同其中包含的道理，然后将此道理应用于对方的提问，使答案不言自明。

如果能反被动为主动，让对方代替自己回答问题，可以说是人际应对中的较高境界了。我们可以针对对方的提问，举出一个类似的事例，反请对方说出其中的道理，然后回到最初的问题上，说明对方的观点正是问题的答案。一个回合下来，对方这个"系铃人"在我方的诱导下不知不觉又成了"解铃人"，使我方得以轻松地摆脱困境。

罗斯福第四次连任美国总统时，许多记者都抢着采访他，请他谈谈连任四次的感想。一位年轻记者破例得到罗斯福总统的接待。他没有正面回答记者提出的问题，而是先请他吃一块蛋糕。

记者获得殊荣，十分高兴，他很快便把蛋糕吃下去了。接着，总统又请他吃了一块。当他刚要开口请总统谈谈时，总统又请他吃第三块蛋糕。记者受宠若惊，肚子虽饱了，还是盛情难却，勉强吃了下去。

记者正在抹嘴之时，只见罗斯福总统微笑着对他说："请再吃一块吧！"

记者实在吃不下去了，便向总统申明。

罗斯福总统笑着对他说："不需要我再谈第四次连任的感想吧？刚才您已经亲身体验到了。"

罗斯福没有直接告诉记者自己的感受，而是让他通过连吃四块蛋糕的感受，体验自己连任四次总统的感想，可谓高明之极。

有的话不需要说得很明白，对于不好回答或者不方便说的话，不妨就打个比喻，或者推托一下，彼此也就明白，不会无趣地盘问下文了。

3. 大胆"错位"，奇思妙想

"大胆'错位'，奇思妙想"就是把本来不同类型的事或人联系在一起，因为超出常理，自然让人感到奇异和荒谬，而演讲在这奇异和荒谬中，又闪烁出理性和智慧的光芒。请看这段演讲：

> 他（阿Q）怎么求爱呢？他突然一天晚上就给吴妈跪下了，然后他说："吴妈吴妈，我要和你困觉！"哎呀，然后呢，吴妈就哭，要抹脖子上吊，然后大家就都认为阿Q干出了毫无人性、违反道德、不守规矩、伤天害理、不齿于人类的这种事情，阿Q没有写检讨因为他不识字，但是他表示了检讨之意，而且还赔了钱，把一年的工钱都给了吴妈，而吴妈却一直在那里哭、哭、哭。如果阿Q在语言文字的修辞上下点功夫，能够到咱们中文系上两节课，能来这儿听讲座，他就绝对不会用这种话了！如果他读过徐志摩的诗呢？那么他见到吴妈就会说："我是天空里一片云，偶尔投影在你的波心，你不必讶异，更无须欢喜，在转瞬间消灭了踪影。你我相逢在黑夜的海上，你有你的，我有我的，方向……"嘿，他可能就成功了！

这是著名作家王蒙为各大高校所作的演讲《语言的功能与陷

阱》中的一段，演讲题目学术味很浓，但演讲却被他"处理"得很像朋友间的"闲"聊，语言口语化，而且风趣幽默。这种"错位"已是让大家大吃一惊，而当他提出他那近乎"荒谬"的设想：要让目不识丁的阿Q用徐志摩的诗去向吴妈"表白"时，简直就更让人感觉是"驴唇不对马嘴"，可也就是这故意的再"错位"，却更令听众过"耳"不忘，大家在捧腹大笑中自然接受了演讲者的观点：语言是有功用的。显然，演讲者这段错位联想，却将道理讲得深入浅出，由此增加了演讲的"料"，使演讲更有吸引力，更受师生欢迎，毕竟，这不是在面对语言专家宣读学术论文。

　　这几位演讲者的讲话的确是各有各的精彩，但都有个共同点，那就是他们在演讲时，根据不同的场合和对象，有选择地加了点"料"，他们的演讲堪称是"加料"演讲的典范之作。

第四章 ▷

展现内在力量，当众讲话不心慌

第一节

不应忘记的表达技巧

语调明快，音量适中

在脱稿讲话中，除了那些无声语言的作用，最重要的当然是讲话本身，而在听众接受讲话内容之前，首先听到的是演讲者的语调和声音大小，所以拥有让人感觉清晰舒服的好嗓音具有很大优势。讲话人要注意控制自己的声音，务必使自己的语调听起来明快舒适，音量大小适中，不能过低犹如自言自语，也不能过高犹如大喊大叫。

一个完整的讲话内容应该是 7% 的文字内容加上 38% 的语调语速加上 55% 的形体语言。由此可见语调在讲话中起着至关重要的作用。如果一个人讲话的语调从头到尾都是平的，听话的人就会感觉你讲的话枯燥无味从而失去兴趣。我们都知道，在做心电图时，如果人的心脏正常，就会有一条曲线上下波动；如果心脏不再跳动，显示的便是一条直线。我们听歌也一样，一首歌曲旋律优美，抑扬顿挫才会让人感觉美妙无比。如果从头到尾都是一个调子，可能人们很快就会失去兴趣。其实，我们唱歌有歌谱，讲话也应该有话谱才对，而话谱时刻影响着你的演讲。例如：你可以尝试很快说出"30万元"，口气显得平和一些，听起来就好像是一笔小数目的钱。然后再说一遍"3万元"，这一次你试着把速度放慢一些，要充满浓厚的感觉，仿佛你对这笔庞大的金额印象极为深刻。这样听起来3万元好像比30万元还要多。

而在掌握语调、音量方面，乔布斯就做得很好，他的演讲有张有弛，语速拿捏快慢适中，起承转合驾轻就熟。因为语速和讲话的节奏密切相关，进行示范演示时，他往往会使用正常的语速，阐述标题或主要信息时语速则大大减慢，以使听众能正确接收他所要表达的意思。但经常有人在进行脱稿讲话时，一上场什么都忘了，只顾着把内容讲完，从头到尾一样的速度。如果这样，听众很可能都会睡着。所以，语调的快慢对于讲话能否吸引听众非常重要。

一般想要表达兴奋、急切、激昂、愤怒等情感时，讲话语调较快，连珠炮般快速讲话，能使听者产生亢奋的心理和紧迫感。但如果速度太快，容易让人听不清楚，对主要观点难以形成深刻印象，上句还没反应过来，下一句就到了，来不及思索和消化，很可能最后也无法理解你要表达的意思。缓慢的语调则用来表达悲伤、沉郁、思索等情感，慢节奏可以留给听众足够多的思考品味时间。同样也不能太慢，太慢不仅会浪费时间，也会显得拖沓，容易令听众失去耐心，还没有听完你的话，就已失去了兴趣，也给人以缺乏力度和激情、对演讲内容不熟悉等错觉，过于平板的语调也容易使人陷入单调的境地，所以，快与慢应该交替使用，讲话时做到快慢结合、快而不乱、慢而不拖、抑扬顿挫、张弛有度。

讲话时，除了要注意控制语调之外，音量的大小也是一个表达技巧。讲话开始时说第一句话时要有亲切感，起调不要太高，音量要适中，包括整个讲话过程中都要有意识地调整好自己的音量，要有高有低，有起有伏，不可一成不变，面无表情，特别是眼神的调整也非常重要。

音量应适应讲话的内容。声音纯正悦耳，对方就会乐意倾听；声音尖细而嘶哑，只会让人感到做作，难以忍受。呼吁、号召时自然加大音量，加重语气，但如果一直用大音量或重语气则无法突出重点，反而给人以嘈杂、夸张的感觉。表达激动的情绪时自然用高亢的语调，如赞美、愤怒、质问等，但一直高亢而缺乏起伏易给人矫情作势的感觉。一般情况下以从容、有力作为主基调，适当加入高潮式的高音量和语调为佳。

总而言之，"嗓音是身体的音乐，语调是灵魂的音乐"。一次成功的讲话，除了讲稿内容的精彩之外，讲话人的语调、音量也是关键因素，只有语调明快适中，音量大小合适，才能让听众听到最完美的内容，也才能为这次讲话增添光彩。

停顿，奇妙的"休止符"

停顿也是一种说话的艺术，恰到好处的"停顿"对于一次成功的脱稿讲话具有重要意义。它能促使人们对主题进行深入的关注和思考，使演讲者的信息更加有效而巧妙地得以传达。大部分演讲者语速很快，好像赶着读完事先备好的阅读材料。多数情况下，他们的阅读资料准备得过多，反而导致宝贵的讲话时间不够用。

而一个经验丰富的演讲者一定懂得利用停顿的作用使整个讲话内容更加完整精彩。

语言表达中需要停顿，在以书面语为形式的写作活动中，标点符号即是起到停顿作用的。在演讲谈话中，停顿可以起舒缓语气、增加语言的节奏感的作用。停顿有两类，一是自然停顿，即说话时因需要换气而作的停顿；二是为了追求特殊的表达效果而刻意在本来可以不停的地方进行停顿，这属于语言艺术的范围，有时候甚至可以在讲话中作适当时间的沉默以发挥语言艺术的特殊魅力。

领导者在工作中，例如主持会议、做报告、进行演讲时，经常会遇到这种情况：会场秩序混乱，听众交头接耳，开小会，心不在焉，左顾右盼，怎么办？你当然可以把音量放大，将嗓门再抬高八度，去引起听众的注意；有的人还会敲桌子，发脾气，通过高声训斥以平息听众的吵闹喧哗。但这样做未免消极，容易滋生听众的抵触情绪，即使会场暂时安静了，也会在心理上增加人们的反感。再说，声音小一点与大一点反差也不大，不太会引起人们的注意。较好的办法是暂时的停顿或沉默。

在语言交流中，停顿所表达的意义是丰富多彩的。既可以是欣然的赞许，也可以是无声的抗议；既可以是威严的震慑，也可以是心虚的流露；既可以是爽快的默认，也可以是无言的拒绝。"没有一点声音，没有任何喝彩，只有那震耳欲聋的深沉的静寂。"这就是默语的最佳传播效能。

在一定的语境中，停顿能迅速消除言语传递中的种种障碍。就像乐队的指挥举起指挥棒，喧闹的会场会立即安静，乐队和演奏员将进入演奏状态一样，使整个现场都将在"沉默中得到控制"。

这种突然而来的沉默和突然而来的嘈杂声有相同的效果：能够吸引人们的注意力。这样做可以使每个人提高注意力，警觉起来，注意倾听对方下一句将说些什么。

根据演讲的实际需要，停顿可分为以下 4 种：

1. 逻辑停顿

文字语言中写有标点的地方一般需要停顿，但在一个句子中间，为了准确地表达语意，揭示语言的内在联系，可根据文意合理地划分词组，做一些适当的停顿。词组之间的停顿千变万化，是停是连还须以表意准确清晰为出发点，做出适当的选择。

2. 语法停顿

标点符号是语句停顿的主要依据。不同的标点符号包含着不同的内容，因此其停顿的时间、方式也不一样。一般情况下，段落之间的停顿时间最长，句号、问号、感叹号停顿的时间次之，逗号、分号、冒号再次之，顿号的停顿时间最短。

3. 感情停顿

亦称"心理停顿"，是为了表达语言蕴含的某种感情或心理状态所采取的停顿。恰当地运用感情停顿可使悲痛、激动、紧张、疑虑、沉吟、回忆、思索、想象等各种感情和心理状态的表达更加准确。感情停顿是一种极其重要的语言表达技巧，它能充分展现"潜台词"的魅力，使听众从"停顿"中体会语言的丰富内涵和难以言表的感情，从而使语言更加生动。

4. 生理停顿

即停下来换口气，一般来讲，生理停顿是与以上三种停顿结合在一起进行的。这种停顿必须服从语法、逻辑和事态的需要，一般不单独进行。

停顿的气息处理，必须根据语言的内容合理控制，有时急停，有时徐停，有时强停，有时弱停。这种气息强弱急缓的变化，是停顿表情达意的必要手段。

节奏适中，起承转合驾轻就熟

听语言出色的人说话是一种艺术的享受。这是因为他们在讲话时对语言的把握就像一个优秀的指挥家在指挥演奏一首优美的交响乐，似在不经意中便演奏出扣人心弦的乐曲。

如果想要成为优秀的脱稿讲话者，就要了解语言的节奏有哪几种，同时按照这些节奏来不断地进行练习。

第一，高亢的节奏。它能营造出威武雄壮的效果，这种节奏下，演讲者发出偏高的声音，同时语气的起伏较大，高亢的节奏能产生强烈的感染力和鼓动性，能够使听众热血沸腾，这样的节奏适合于叙述一件重大的事件，宣传重要决定及使人激动的事。

第二，低沉的节奏。这种节奏和高亢的节奏正好相反，演讲者为了营造一种低沉、庄严的气氛，通常使用较低的声音，低缓、沉闷，语流偏慢，语气压抑。低沉的节奏大多在一些郑重的环境中应用，用于具有悲剧色彩的事件叙述，或慰问、怀念、吊唁等。

第三，凝重的节奏。它介于高亢和低沉之间，声音适中，语速适当，重点词语清晰沉稳，比较中庸。这种节奏每个字都要重音来读，体现出一种一字千钧的感觉。凝重的节奏在对一些问题发表议论时比较常用。

第四，轻快的节奏。这种节奏是讲话时常用到的，这样的节奏比较适合大众，容易使人们产生融入感。日常性的对话、一般性的辩论，都可以使用这类型的节奏。

第五，紧张的节奏。紧张的节奏通常运用比较快的语速来表达，往往带有一种迫切、紧急的情绪。每句话之间没有长时间的停顿。其目的是引起听众的紧张感和注意力，用于重要情况的汇报，或者是必须立即加以澄清的事实申辩等。

第六，舒缓的节奏。和之前的紧张的节奏正好相反，是一种稳重、缓慢、舒展的表达方式。声音不高也不低，语速从容，给人一种安心悠闲的感觉。一般说明性、解释性的叙述，学术探讨等类型的演讲都可以运用这种节奏。

作为一名脱稿讲话者，根据自身讲话的内容和性质选择合适的节奏，才能达到讲话的效果和目的。

为更好地掌握说话的节奏，我们可以从科学运气入手。

气息是声音的原动力，科学地运用运气发音方法可使声音更加甜美、清亮、持久、有力。要达到这个层次，平时要加强训练，掌握腹胸联合呼吸法。其要领是：双目平视，全身放松，喉松鼻通，无论是站姿还是坐式，胸部稍向前倾，小腹自然内收。

吸气方法是：扩展两肋，向上向外提起，感到腰带渐紧，后腰有撑开感。横膈膜下压腹部扩大胸腔体积，小腹内收，气贯丹田。用鼻吸气，做到快、静、深。

呼气方法是：控制两肋，使腹部有一种压力，将气均匀地往外吐，呼气时用嘴，做到匀、缓、稳。

这样的呼吸方法可以进气快，到位深，运气长，好控制。可用下列方法练习：

（1）咬紧牙关，从余缝中发出"咝"声，平稳均匀。

（2）数"一个葫芦，两个葫芦"或"一张球拍，两张球拍"，看一口气能坚持多久。

（3）喊人"王刚""小胡"。

（4）一口气反复念：吃葡萄不吐葡萄皮儿，不吃葡萄倒吐葡萄皮儿。

（5）一口气诵读一首五言绝句或七言绝句，力求清晰、响亮、有感情。

第二节

应当重视的应急技巧

应景语巧应对突发状况

脱稿讲话时遭遇到意料之外的问题，对大多数人来说可能并不陌生。无论计划多么周密，总会有一些无法掌控的突发状况发生。那么，面对或善意或恶意的尴尬局面，应该怎样解决才能不影响整场讲话的质量呢？在此，为大家提供几个应对尴尬场面的说话技巧：

1. 顺势牵连

在某个学校的一次期中总结会上，一个数学教师上台发言，刚走上讲台，同学们忽然大笑起来，使他感到莫名其妙。坐在前排的一位女生小声对他说："老师，你的扣子扣错了。"老师一看，果真第四颗扣子扣在了第五个扣眼里。局面有些尴尬，迅即这位教师煞有介事地对学生们说："老师想心事了，急急忙忙赶着与你们——来——相——会。不过，这也没什么好笑的。在这次期中考试里，就有同学运用数学公式张冠李戴，比如……"这位老师先用幽默的语言为自己解了围，紧接着又顺势把这意外事件和学生的学习情况连了起来，借此作比，指出了学生学习中的类似错误，既显得自然，语言又形象，很快解除了尴尬的局面。

顺势牵连的应急艺术能有效地使人从困境中摆脱出来，但必须注意"牵"得要自然，"连"得要巧妙，不能牵强附会，否则会弄巧成拙。

2. 借题发挥

20世纪30年代，美国政界人士凯升首次在众议院发表演说时，打扮得土头土脑。一个议员在他演讲时插嘴说："这位伊利诺伊州来的人，口袋里一定装满了麦子呢！"这位议员的讽刺挖苦和台下的哄堂大笑并没有使凯升面红耳赤，凯升也没有针锋相对回敬，而是顺着对方的话题，很坦率地说："真的，我不仅仅口袋里装满了麦子，而且头发上还藏着许多菜籽呢！我们住在美国西部的人，多数是土头土脑的。"他的坦率和真诚赢得了听众的好感，由被动变为主动。于是，他话锋一转，趁势借题发挥。他说："不过我们藏的虽是麦子和菜籽，却能长出很好的苗子来！"语言虽然含蓄，但针对性很强，明确地阐明了自己的观点和长处，使演讲获得了很大的成功。

借题发挥的语言艺术运用得好，不仅能把被动变为主动，使窘迫变得自如，还能化消极因素为积极因素，所以能获得很大的成功。

3. 有意岔题

一次服装展销会上，一位营业员正在向众多的顾客介绍服装的式样，突然听到有个顾客在说："式样不错，老点。"这位营业员一听，马上机灵地接着说："这位顾客说得对，我们设计的服装式样好，又是老店，质量保证，价格公道……"，其实，那位顾客说的是"式样老了一些"的意思，这位营业员怕其他顾客受他这句话的影响，因而灵机一动，利用词的同音关系把"老点"改换成"老店"，岔开了对自己不利的话题，模糊了对方的话题指向，有效地把大家的注意力引导到对自己有利的方面来。

重点突出，明确目的

在平常的语言场合中，失言是不可避免的。失言的原因是多方面的，但其中最根本的原因，往往是因为缺乏清晰的目的。语言交流的目的，不只是一种社交上的需要，也不只是互相认识和了解一下。

"明确"是言语表达最基本的要求。所谓明确，就是语言明晰，意思确定。演讲者在大多数情况下说的话都应当是明确的，绝不能含糊其词，模棱两可。

讲话要明确，体现了言事的简明性和效率性。演讲者不仅要有深刻而系统的思想体系、明晰的观点，而且还必须学会运用简明扼要、准确精当的言语，恰如其分地表达自己的思想，做到言简意赅、新颖精辟。

坚持话由旨遣的原则，首先要明确当众演讲的目的。目的明确，你的演讲、你的社交往往能够取得良好的效果，只有目的明确了，才知道应该准备什么话题和资料，采取何种说话语体风格，运用哪些技巧，从而做到有的放矢、临场应变。目的不明，无的放矢，不分场合，就难免东拉西扯，叫人不知所云，无所适从。

另外脱稿讲话的内容要有详有略，这样才能使整个讲话显得有重点，或是要让听众了解重要的信息，或是希望取得听众赞同的看法、认识，或是包含期望听众心领神会并在行动中加以贯彻执行和大力推广的意志、意图，随演讲内容的不同而各有所异。

如果讲话开始提出了重点，那么在主体部分还要进一步加以详细阐述。最理想的效果就是演讲者着重讲话的部分也正是听众印象最深、感触最多的部分。重点表现在一两个问句上的情况很少，绝大部分是集中在由几个段落结合而成的一个层次、一个部分，或集中在一个层次、一个部分的某几个段落上。重点集中是一种方法，当然也可以采用将重点分散在全篇各部分、各层次之中的方法，但要注意必须围绕着主体组织展开，做到"形散而神不散"。

一般来说，脱稿讲话的目的，有以下三种：

第一，传递信息和知识。如课堂教学、学术报告、现场报道、产品介绍、展览解说等一类的演讲。目的是向听者传递一种观点或一些知识，让听者接受采纳。

第二，激励或鼓动。如赞美、广告宣传、洽谈、请求、就职演说、鼓动性演讲以及聚会、毕业典礼和各种纪念活动、庆祝活动中的演讲等，旨在加强人们现有的观念，坚定信心，振奋精神，有时也要求得到行动上的反应。

第三，说服或劝告。诸如商业谈判、法庭辩护、竞选演讲、改革性建议等。此类说话，大多力图改变对方的某种观念或信念，阻止对方采取某种行动。

因此，每次讲话之前，都要知道自己讲话的目的，清楚"我为什么要讲？""人家为什么听？"预先想一想可能产生的效果，把预期的效果当作目标并为之努力。

那么我们怎样才能做到讲话目的明确，重点突出不散乱呢？

首先，以听明白为前提。语言是信息传递、思想交流的工具。无论是我们陈述一件事情，说明一个道理，还是提出一个问题，都要让听者明白我们说话的目的，这样才能最终达到这个目的。比如一个推销员向顾客推销自己的产品，那么他必须将自己推销的产品的性能、价格和其他的一些情况用语言向顾客讲述明白，只有这样顾客才了解你的产品，而只有顾客了解了你的产品，他才会决定是否购买你的产品。

从语言效果上来说，一切语言都是围绕听者而展开的，从这个角度来说，语言表达要以听者为主体。以听者为主体就是要考虑听者的接受能力、处境、心情、实际需要和思想性格。

其次，以说服对方为目的。在说服对方时，既要显得真诚，又要为对方着想。这样，无论是交易上还是感情上都和对方进行了沟通，从而促使我们的目的更好达到。

最后，以关心他人为准则。关心别人不仅可以结交不同的朋友，还可以获得更多的主动权。这并不是什么崭新的道理，一位古罗马诗人就说过："当别人关心我们时，我们也关心他们。"

提炼关键词提升层次

脱稿讲话应该有一个明确而具有积极意义的主题。然而，当这样的主题确定后，如何把它提炼成格调高、内涵深、角度新，并具有一定美学价值的主题，则是演讲者在构思讲话时就必须首先考虑的问题。它直接关系到脱稿讲话的成败。下面就介绍几种提炼脱稿讲话主题的方法：

1. 抓动机

什么是"动机"呢？当音乐家谈到一个动机时，它的意思是指一系列有联系有特点的声音，音乐家对它们进行艺术加工，提炼为乐曲的主旋律。我们把它移植到脱稿讲话里来，意思是演讲者接触生活、素材、题材时，接收到它们许许多多信息（即意蕴），通过演讲者形象的、逻辑的、灵感的三大思维组成的网络，敏锐地发现和捕捉到一个或几个有特点的"意蕴"，它（们）不是一般的"意蕴"，而是与主题有联系，或是可以发展、提炼和形成主题的"主题意蕴"，这就是"动机"。这动机也许只是生活材料中的一草一木、一雀一鼠、一眼一眉，或一句话、一本书、一出戏、一则新闻、一段资料……在一般人看来，这是平凡事物，但演讲者却能独具慧眼，抓住它，作为提炼脱稿讲话主题的动机。

2. 炼意境

我国传统艺术创作非常重视对意境的创造。王国维曾说"有境界自成高格"。不光诗人作诗、画家作画要讲求意境，在进行脱稿讲话时，也要讲求意境。有了深邃优美的意境，就会使脱稿讲话的主题诗意化，产生巨大的艺术魅力。脱稿讲话的意境是指演讲者主观的"意"，即思想感情与现实生活的"境"，即生活现象的辩证统一。讲求意境的讲话，如同把粮食酿制成馥郁醇美的酒，这"酿制"的功夫是重要的。演讲者应善于在现实生活中"捕捉"那些具有诗情画意的情节、细节、场景，通过演讲者本人的感受和理解，达到客观与主观的统一，熔铸成深而美的意境。只有做到以"意"为主导，以"境"为基础，"即境以孕情"，又"缘情以造境"，才能做到"境"随"意"高，使整个讲话的主题升华。

3. 找哲理

演讲主题要具有一种深刻的内涵，必须揭示生活的哲理。演讲者要善于根据主题的需要对客观事物进行辩证唯物主义分析，综合发现事物运动、发展、变化的规律，揭示其本质并把它凝练为一种哲理，使之贯穿于整个讲话之中，那么，就会使讲话的主题闪烁着理性的光芒，而给人以深刻的启迪。

4. 出新意

艺术作品贵在创新，我们提炼脱稿讲话的主题要独辟蹊径，别具匠心。要用自己的眼睛去看别人看不到的东西，用自己的头脑去想别人没想出的道理，用自己的嘴去讲别人没有讲透的话。将对生活的独特感受、独立思考、独到评价贯穿在整个演讲中，给人以耳目一新之感。要使主题有新意，必须做到以下三点：其一，要具有怀疑动机，即敢于对人们司空见惯或认为完美无缺的事物或观点提出怀疑。其二，要具有抗压性动机，即力破陈规陋习，锐意进取，勇于革新。其三，要具备自变性动机，即能否定自己，打破自我框框。只有这样，才有可能提炼出新颖的主题。

5. 画龙点睛

画龙点睛既是一种艺术表现手法，更是一种提炼讲话主题的方法，画龙点睛就是在讲话的关键地方采用片言只语，揭示和突出讲话主题的方法。陆机在《文赋》里所说的"立片言而居要，乃一篇之警策"就是这个意思。我们在构思演讲时，要用简练的、有力的警句来体现和突出讲话的主题，使讲话具有一种警策之美，而更加耐人寻味，发人深省。这样的警句就对讲话的主题起了一种画龙点睛的作用。例如，1775 年 3 月 23 日美国帕特里克·亨利发表了《在弗吉尼亚州议会上的演说》，亨利把演讲的主题提炼为"不自由，毋宁死！"的警句。它高度浓缩和概括了反对殖民统治、争取自由独立的重大主题，激励了美国人民的爱国热情，振奋了美国人民的斗志，鼓舞了千百万美国人民拿起武器投入争取自由独立的战争中。

以上给大家介绍了五种提炼脱稿讲话主题的方法，当然在脱稿讲话艺术实践中，远不止这几种方法，我们要勇于探索，掌握更多更好地提炼演讲主题的方法。

总之，一个好的讲话主题是演讲者形象思维、逻辑思维、灵感思维的"结晶硅"。它像百花园中鸣叫的黄莺，像花岗石中闪烁的云母，使演讲成为一个完美和谐的整体。我们要运用多种多样的艺术手法，提炼出"高、深、新、美"的演讲主题。

消除听众隔膜感的技巧

当演讲者是"陌生人"的时候，听众一开始不免会有些隔膜感，这时直奔主题往往让人难以接受，不妨先"推销"一下自己。因为潜在的感情因素往往会左右人们的心理倾向与理性思维，从而对话语的可信度和可接受性产生微妙的影响。

孟玲的讲话《让女生部早日"消亡"》是这样开场的：

亲爱的女同胞们，还有敬爱的先生们：

晚上好！

首先感谢大家的热情，谢谢！

我很想认识大家，也想让大家认识我。先来自我介绍一下，8911（2）班的一员，姓我们儒家孟子的"孟"，单字玲珑的"玲"，孟玲，就是我。大家可能听出来了，我这个人爱说好话，连自己的名字也要美化一番。不过，我要声明，这个小毛病丝毫不妨碍我对"女生部长"之职的热情。

可是，即使有天大的热情也不能改变这个趋势。女生部的发展完善过程，也就是它走向消亡的过程。

我的任务就是促成这个过程尽早结束。

真是言语出性格，寥寥数语巧妙而自然地塑造出讲话人热情开朗、活泼可爱的性格，一下子拉近了她与听众的距离，让人产生了亲近感，有兴趣倾听她的讲话。

不过有时候听众对你不仅仅是"陌生人"那么简单的隔膜感，而是打从开始就以你为敌。那你就要多费些心思了，这一点我们可以从一些历史上伟大的演说家那里取点"经"，学习他们是怎么巧言化解的。

当你不是那么受欢迎时，可以采取的消除反感的方法不止一两种，除了前面的事例之外，以下几种方法也有不错的效果：

1. 真诚的褒扬

听众是一个思维活跃的群体，他们会根据自己的立场对演讲进行评价。如果你不尊重他们，他们也会不留余地地拒绝你。所以，如果听众有值得称道的表现，就应抓住时机予以肯定。做到这点就等于拿到了自由出入听众心理王国的通行证。当然，应有赞扬的技巧，否则只会适得其反。

2. 寻找共同点

讲话是人际交往与沟通的必要手段。如果你是应邀进行讲话，那么与听众建立起融洽的关系是很重要的。英国前首相麦克米伦，在德堡大学毕业典礼上，他的开场白就不失时机地抓住了听众的心："感谢各位对我的欢迎，虽然作为英国首相在这里发表演说的机会并不多，但我并不认为我是英国首相才被邀请。"然后，他又回顾了自己的家世，并告诉听众，他的母亲是出生在印第安纳州的美国人，而他的外祖父是德堡大学的首届毕业生。

麦克米伦以其直系亲属的血缘情分，和属于开拓者时代的美国学校生活方式为话题所发表的讲话，其反响之热烈，自不待言，获得这一成功的重要原因无疑是巧妙地抓住了听众与演讲者双方的共同点。

3. 使听众感到平等

演讲者以怎样的态度与听众沟通，是十分敏感的问题。假如以一种有良好教养、拥有较高的社会地位或社会权力的态度和腔调对听众演讲，大都会受到排斥和反感，因为谁都不愿低人一等、听人训话。因此演讲者首先应采取低姿态使听众感到平等，才能与听众建立良好的沟通关系。诺漫·V.比尔曾忠告一位演说缺少吸引力的传教士："诚恳是首要的条件。"

4. 让听众充当讲话中的角色

曾有一位演讲者，想要向听众说明从踩刹车到车子完全停止之间的行车距离。这位演讲者请了一位坐在最前排的听众站起来，协助他说明车距与车速的关系。被指定的听众，拿着卷尺站在台上，按照演讲者的解释前进或后退。这种情况不但具体表现了演讲者的观点，同时，也充当了与听众沟通的桥梁作用。

这位演讲者有效地运用了舞台表演的技巧，将听众吸引到讲话的情景中去，让他们扮演其中某个角色，这对提高听众的兴趣来说是一种上乘之法。

有时为了达到让听众扮演一个角色的效果，可以向听众提问，或者让听众重复一遍演讲者的话，然后举手回答。《富有幽默感的作家与说话》的作者巴西·H. 怀汀一再强调："要让听众直接参与表决，或让听众帮忙解决问题。"他还认为"要有正确的思维方向。如果用演讲稿的方式去演说，那么听众的反应肯定不会很强烈，应把听众当作你共同事业的合作伙伴。演讲者如果做到让听众参与，就能使他要表达的论点更加深入人心"。

第三节

不可忽视的无声语言

自信的表达首先来自无声语言

在进行脱稿讲话时，演讲者越是自信，听众对其讲话内容也会越相信。那么，演讲者要如何体现自信的风采呢？除了讲话内容之外，演讲者所表现出来的无声语言是听众首先接收到的信息，也是自信的首要表达方式。因为无声语言具有完全可见的表现形式，直接作用于人的视觉。根据视觉心理学研究，人们从外部世界获得的信息，最重要的渠道是视觉渠道。所以视觉能够传递有声语言难以说清的内心体验和感情。我们都有这样的体会，听人作报告、演讲时，听众在看得见主讲人的场合，所获得的信息的清晰度和精确度比看不见主讲人时要高得多。因此，在进行演讲的过程中，自信的表达首先来自无声语言。

那么，什么是演讲者的无声语言呢？它就是人们的态势语言。社会心理学把态势语言分为两种：一种是有明确意义的，可以代替语言沟通，称为标记物，如点头表示赞成，摇头表示反对或不知道等；另一种是没有确定含义，只是伴随语言的，称为说明物，如衣着打扮、站姿、坐姿、一些手势的运用等。

无声语言有助于形成第一印象。社会心理学中有一个理论叫"晕轮效应"。这一理论认为，人们给予他人的"第一印象"，往往成为对其做出判断的心理依据。态势语言艺术对于演讲者也是如此。心理学家雪莱·蔡根曾做过一个实验："他在莫萨立特大学挑选了68个自愿实验者。这些应试者，在口才、外貌和对事物的理解力、判断力上，无甚差别，但在风度仪表方面则差距明显。据事先安排，这些应试者分别征求4位素不相识的过路人的意见，希望得到他们的支持。结果，风度翩翩者稳操胜券。"这就说明，态势语言技巧高超，给人的"第一印象"好，更有利于为自己树立良好的形象和威信。所以，想要对听众传递出你很自信的信息，首先就要在无声语言上下功夫。

在作为标记物的无声语言中，可以用来表示自信的非微笑莫属，而在所有的交际语言中，微笑是最有感染力的，而且是放之四海而皆准的"人际交往的高招"，往往一个微笑能很快缩短你与他人之间的距离，表达出你的善意，以及给人春风般的温暖，当然还能让别人看到你的自信。如果在日常交谈中，你微笑着出现在别人面前，会给人一种从容自信的感觉。

想用微笑达到体现自信的效果，需要有一定的训练技巧，首先要注意适意微笑的特点：嘴巴开到的程度为不露或刚露齿缝的程度；嘴唇呈扁形，嘴角微微上翘。

作为说明物的无声语言，我们从以下几个方面来说说如何表达自信：

　　首先是衣着打扮。讲话有正式和非正式之分，进行正式讲话时演讲者一定要穿得正式，男士着西装领带，女士则穿职业套装。非正式演讲对服装的要求不高，但一定要整洁得体，当然有的时候也要与现场氛围协调一致。比如面对煤矿工人发表讲话时，显然穿与矿工一样的工作服或便装要比穿西装的效果更好。另外衣着也要适当，不宜过薄或过厚，否则容易给自己制造紧张情绪，女性化妆要自然，不要浓妆艳抹，一方面是要体现对听众的尊敬，另一方面又要让听众感到愉悦。

　　总之，衣着打扮讲究轻装上阵，女士戴首饰要简单，建议摘下手镯之类的饰物，因为它们会阻挡听众的视线。男士的手表一般戴得宽松合适，讲话中由于手势的运用可能会上下移动，假如不幸手表在你激动发挥时突然松了，那么你自己会很尴尬，会影响讲话的效果。

　　其次是步姿或者说是走姿。就是通过行走的步态传递出信息的语言，与坐姿语和立姿语不同，步姿语是动态的。下面我们着重介绍步姿的类型：

　　第一种是稳健自得型，行走的时候步履稳健，昂首挺胸，仰视阔步，步伐较缓步幅较大，这种步姿的含义就是"愉悦、自得、有骄傲感"。

　　第二种是自如轻松型，行走时心情轻松，步子的幅度适中，步速不紧不慢，上身直立两眼平视，两手摆动自然，这种步姿的含义就是"自如轻松，比较平静"。

　　第三种是庄重礼仪型，行走的时候上身挺直，步伐矫健，步姿幅度和速度都适中，步伐和手的摆动有强烈的节奏感，眼睛正视前方，这种步姿的含义就是"庄重、热情、有礼"。

再次是站姿。站姿语就是通过站立的姿态传递信息的语言，从一个人的站姿可以看出一个人的状态。有很多人站立时喜欢用一只脚作支撑，有的人喜欢倚靠在什么东西上，这些都不能出现在正式场合，是不礼貌的表现，我们一定要注意挺身直立、脊背挺直、目光平视，表现出愉悦、自信的感觉。

一个演讲者的身体姿势是他的内在与外在形象的双重反映。一般来说，讲话为了取得效果，演讲者大都站着进行。因此演讲者的站姿要恰当。讲话一般都是站在前面的中间位置进行的。这个位置可以使演讲者关注全场，最大限度地注意到周围听众的情绪，使处在不同位置的听众都能从各自的角度看到演讲者在讲话。演讲者选择位置还一定要注意到光线，要让光线照着自己。因为听众需要通过对演讲者动作的观察来领会讲话的内容。另外，讲话者应注意站姿，主要是做到使站姿有利于讲话，有利于走动和活动，有利于发音。亚里士多德认为：一个人身体姿势上，一切过多的无意义的举动，皆足以表示一个人的浅薄、轻浮、胆怯或者狂妄。

从站立的姿势看，一般提倡丁字步：两腿略微分开，前后略有交叉，身体的重心放在一只腿上，另一只则起平衡作用。这样不显得呆板，既便于站稳，也便于移动。不少演说家讲究站姿。站立的姿势适当，演讲者会觉得全身轻松、呼吸自然、发音畅快，特别有助于提高音量，做慷慨激昂的演说。也只有站姿才能使身姿、手势自由，把自己的形象充分地显露出来。

当演讲者走上台去，首先要在地板上站稳，双臂要沿着身体两侧下垂，然后双手轻搭在体前，双眼要直视前方，脊背挺直。这是讲话时的基本姿势。这样才能使听众感到这个人各方面都是很稳重的，从而获得良好的第一印象。

最后，坐姿也需要注意。坐姿包括就座和坐定的姿势，入座时要轻而缓地走到座位前，转身轻轻坐下，不应发出嘈杂的声音，坐下后上身保持挺直，头部端正，目光平视前方或交谈对象，后背稍靠椅背。在正式场合或有尊者在座时，不能坐满座位。非正式场合允许坐定后双腿叠放或交叉斜放。

无论哪一种坐姿都要自然放松，面带微笑，双手不应有多余的动作，双腿不宜分开过大，也不要把小腿搁在大腿上，更不要把两腿直伸或反复不断抖动，这些都是缺乏教养和傲慢的表现。

和听众目光交流并调控听众目光

在脱稿讲话技巧的培训中我们常遇到这样的问题："该怎样保持与听众的交流？"眼神的交流就是人际关系中最传神的非语言交流。眼睛是心灵的窗口，目光的交流就是心灵的交流。在脱稿讲话中，好的目光交流，可以吸引听众注意、体现讲者自信、优化讲者形象；而差的目光交流，则让人感觉缺乏自信、姿势僵硬。一句话，脱稿讲话中目光交流很重要。

很多人从上台后就一直低着头讲，或者一直背对着观众讲，还有的人只看投影不看听众。这些都没有正确运用目光去与听众进行交流和接触。在开口前，应该先与听众作目光交流，环视全场，让自己情绪稳定下来。而讲话过程中也要与听众有目光交流，特别是坐在后面和坐在前排两侧的听众。运用目光交流可以获得并掌握听众的注意力，建立相互的信任；另一方面又可以透过目光接触来回应听众，阅读听众的表情。

与听众的目光交流也有个速度的问题，比如有的人在演讲时为了达到和全场听众的目光接触，目光便一直左右逡巡，飘忽不定。这样做会让听众觉得很不舒服。目光接触的速度要适中，要慢慢环视，而非扫视。目光接触时强调进行全场接触，但我们不要忽略重要听众，对他们要多花点时间进行目光交流。因此事先花点时间研究听众是很必要的。但对重要听众也不要紧抓不放，让人感觉如坐针毡。对一个人的目光关注不要超过两分钟。

无论是公开演讲，还是其他艺术表演形式，如话剧、歌唱，演讲者和演员都会在大部分时间保持面对观众，目的就在于保持与观众的目光交流。这样可以与每一位听众都有一对一的交流，及时了解听众的情况，积极地促进听与讲互动。很多人忽视运用目光与听众交流，所以在台上会不自觉地把身体转向演示屏幕，背对听众，这是公开讲话的大忌。这样既不尊重听众，也是对所讲内容不熟悉的表现。如何有效运用目光创造效果呢？目光是人用来交流的最重要的法宝。日常生活中人们在目光交流时会自然运用各种技巧，如环视、注视、虚视、盯视、凝视等，人通过调节眼球的位置、转动的速度、角度来变换目光。目光配合表情，人们便可以确认沟通是否成功。

在脱稿讲话中如果有观众没有专心听、叽叽喳喳，你可以暂时停下来，给予一点儿制止性的眼神，说话者自会领悟并知趣地停止；对于想发问但欲言又止者，应投以鼓励赞许的目光，给他们勇气，让他们壮起胆子提问题，使气氛活跃起来。更重要的是，演讲者注视着听众，还可以察言观色，观察听众的反应，捕捉细微的动向，在必要时插一些话，既能稳定场内情况，又能体现演讲者的机敏和应变能力，有时能收到意想不到的效果。

脱稿讲话时，一方面要注意与听众的目光交流，另一方面还要注意调控听众的目光，以帮助听众尽可能多地接受你所传递的信息。

有关研究显示，传递到人脑的信息中，87%来自眼睛，9%来自耳朵，4%来自其他器官。这就给我们一个提示，在讲课或讲话中，要尽可能使用画面性的语言，虽说听众是在听你讲，但能让听众通过你的语言看得见、摸得着你所表达的内容，这样会大大地增强你的演讲效果。

在演讲或教学中，现在普遍采用多媒体作为辅助，要注意的是，如果你说的内容不是直接与画面有关，听众只能接受你9%的信息，若是你说的内容与画面有关，听众看着画面也仅能吸收20%。如果你要想收到较好的视听效果，请用激光笔指着画面内容。这样做的直接效果是控制了听众的目光，等于也把听众的注意力集中在了你所表达的内容上，他们既在看，又在听你说，这样你传递的讯息就会使听众有最大量的吸收。

从这一点上讲，反过来也在提醒我们，在脱稿讲话时，手势或小动作不要太多，多了会分散听众的注意力，影响听众对你所说内容的理解和吸收。总之，在进行演讲时，注重与听众的目光交流并能很好地调控听众的目光，可以更容易实现讲话的目的，也是体现演讲者控场能力的因素之一。

手势有助于厘清思路

在演讲场合，也许你见到过这种情景：有的演讲者从一上台到结束，两手始终下垂于裤线，一直保持着立正的姿势；有的演讲者像害羞的小姑娘，总是捏着自己的小手指；还有的演讲者，好不容易伸出手来，可是很不合时宜地胡乱比画了一下……生硬？沉闷？别扭？其实，这是因为他们忽略了手势在演讲中的独特作用。有的学者说："为了强调某个重要的观点，手势能缩短你和听众之间的距离。"而演讲者与听众的距离缩短时，亲密感就会随之产生。

在演讲的态势语言中，手势的使用频率最高，视觉感受最强，有人就这么说过，手势是演讲者的第二张脸，它能够传递奇妙的无声语言。因此，掌握和运用好手势，不仅可以吸引听众的注意力，而且也能使听众通过视觉的帮助而获得对演讲的深刻印象。

演讲时还可以使用手势来表达复杂的、抽象的概念，让听众在联想中获得具体的形象和强烈的感受。例如："祖国，请相信我吧，永远忠于您的，是一颗火热跳动的心！"你若把右臂抬起，手抚胸口，就象征了一种忠诚的意念。

演讲的手势是灵活多变的，但无论运用什么样的手势，都必须有助于演讲者表情达意，有助于听众对演讲内容的理解。这才是运用手势的根本目的。

讲话中，自然而安稳的手势可以帮助演讲者平静地说明问题；急剧而有力的手势，可以帮助演讲者升华感情；稳妥而含蓄的手势，可以帮助演讲者表明心迹。演讲的手势分为四类：

一是指示手势。这种手势是用来指示具体真实形象，又可分为实指和虚指两大类。实指是指演讲者手势确指在场的人或事或方向，且均在听众的视线内。如"我"或"你们""这边"或"上面""这些"或"这一个"等。虚指是指演讲者和听众不能看到的。比如"在很久很久以前""在遥远的地方"。常用虚指可伴"他的""那时""后面"等词。指示手势比较明了，不带感情色彩，比较容易做。

二是模拟手势。用手势描述形状物，其特点是"求神似，不求形似"。比如双手合抱，想象抱着一个大球，塑造成一个圆满的意愿，表达出人们的真情实意。模拟手势信息含量大，升华了感情，有一定的夸张色彩。

三是抒情手势。此手势在讲话中运用频率最多。比如：兴奋时拍手称快；恼怒时挥舞拳头；急躁时双手相搓；果断时猛力砍下。抒情手势是一种抽象感很强的手势。

四是习惯手势。任何一位演讲者都有一些只有他自己才有而别人没有的习惯性手势，且手势的含义不明确不固定，随着演讲内容的不同而体现不同的含义。

此外，演讲的手势贵在自然。因为自然才是情感的真实流露和体现，才能给听众以赏心悦目的美感，而任何矫揉造作的手势都只会引起听众的强烈反感。所以，演讲者的手势要做得舒展大方，又自然流畅，既不可过于张狂，也不能过于拘谨。总之，每一个手势都要随着演讲者的情感活动自然形成和外现。即使是预先设计的手势，也要让听众感觉是情感所致，非做不可。只有这样自然的手势，才能拨动听众的心弦。

　　演讲的手势是不可能单独运用的。它的一举一动，总是和演讲者的声音、姿态和表情配合在一起的。这种配合必须是适当的、协调的。比如手势的起落应当和话音同时，手势动作需要同姿态结合，手势必须与表情一致。和谐产生美，只有和谐的手势，才能给听众以独特的美感。

　　演讲的手势是从生活中提炼出来的，它追求的是简单明了、精炼生动的表达效果。因为复杂模糊的手势会让听众迷惑难解，而烦琐拖沓的手势又会使听众烦扰生厌。所以，演讲者的手势须简洁明快、干净利落，切不可哗众取宠、拖泥带水。

　　演说家的经验表明，手势的运用要注意适当、有节。说话连着动手是许多人的习惯，但多了就不好。一般来说，我们日常生活中说话多数是无须用手势的。脱稿讲话时可根据需要而多一些，但也不要滥用。有的演讲者认为有手势比无手势好，手势多比手势少好，这实际上是误解。令人眼花缭乱的手势只能显露出自己的慌乱，无其他任何意义。不要以为呆板不动是可笑的，世界上最可笑的是说话时无节制地挥动手臂。另外也有人认为，有说服力的手势是根据讲话时带有情感的声音而定的，如果演讲者一开始就频繁地运用手势，那就会使人厌烦，手势也就丧失了效果。

魅力表情的传达

　　进行脱稿讲话时，演讲者还应该注意自己的外部形象。一个人如果"形象"很糟，往往会让别人"以貌取人"，导致失败。人们面部表情、身体姿态集中表现人的形象。人的这种种表现有时是无意的，有时是有意的。

讲话时，演讲者的面部表情也是很重要的。因为，从某种意义上讲，脱稿讲话是一种信息表达。一位心理学家用这样的公式来反映信息表达：一个信息表达＝7％语言＋38％声音＋55％面部表情。面部表情，是指人们在社会交际中，由于外部环境和内心机制的双重作用，而引起面部的颜色、光泽、肌肉的收缩与舒展，以及纹路的变化，从而实现表情达意，感染他人的一种信息传递手段。

我国演讲理论家邵守义说过："脸部是心灵的镜子。这面镜子，是由脸的颜色、光泽、肌肉的收缩，以及脸面的纹路所组成的。它以最灵敏的特点，把具有各种复杂变化的内心世界，如高兴、悲哀、痛苦、畏惧、愤怒、失望、忧虑、烦恼、报复、疑惑等最迅速、最敏捷、最充分地反映出来。"根据生理学家的研究，人的面部肌肉组织是由 24 双肌筋交错构成。这些面部肌肉组织所产生的感情表现，不受国界、地区、人种的限制，是对于任何社会的人都通行的交际手段。面部表情语言艺术，主要靠脸、眉、口、鼻四部分来表现，从而形成一个整体形象。

在讲话时，表情的产生首先来自所讲的内容。同时，表情还取决于当时的具体情况，取决于听众和演讲者本人的情绪。面部语言是人情绪变化的寒暑表。许多心理学家的反复试验，已经无可置辩地证明，人们的情绪变化，往往在面部上都会有所表现，人们能够清晰地感受到讲话的内容，并在大脑皮层的有关区域产生优势兴奋中心，从而在演讲者与听众之间产生心理共鸣，起到有声语言有时起不到的效果。当人们在对某一事物表示不以为然和轻蔑时，往往脑袋稍偏，嘴角斜翘，鼻子上挑；当人们感到诧异和惊讶时，往往口张大，眼瞪开，眉挑高；当人们心情愉快时，往往表现出活泼好动、喜形于色，甚至于手舞足蹈，脸部的肌肉动作往上。

演讲者面部是直接对着观众的，所以在脱稿讲话中演讲者的面部表情就会显得很重要，人的眼睛、嘴形和眉毛的形状和变化构成了完全的面部表情。这三者的不同组合就形成了人们的喜、怒、哀、乐、爱、恶、欲等不同情绪。

讲话完毕后，要表现得镇静从容，无论有没有听众表示欢迎的掌声，你都应该面带微笑，表示愉快。有专家认为：人的形象分内在形象与外在形象两种。人的身体姿态是外在形象，人的面部表情反映着人的内在形象。对于演讲者来说面部表情十分重要，应该以微笑为基础。在讲话时，演讲者的眼神要尽量正视听众，不要超越听众的头顶，或者凝视远方，或者低头盯着地面。尤其重要的是，不应把自己的眼睛死死盯在讲稿上或讲台上。演讲者正视听众的眼神，是与听众交流思想所必需的；演讲者可以从听众对自己的演说流露出来的情感中了解到听众对自己的外部形象和内在形象的满意度。

总之，人的面部语言是人的心理活动的反映，人们往往有什么样的心理活动，就会产生什么样的面部表情。因此，脱稿讲话时演讲者必须注意自己的面部表情，以轻松友好的面孔与听众进行感情交流。时而含笑，时而微笑，时而现出深沉。喜怒哀乐要同内容一致起来，同观众或听众的情绪和谐起来，从而为成功的演讲奠定良好的感情基础。

第五章 ▷

用脑说话，别让舌头越过思想

第一节

脱稿讲话的原则

可以即兴，不能随性

脱稿讲话可以即兴，但是不能随性地乱说。因此，一定要控制好自己所说的话，不能任由自己的思绪乱跑，这样才能有效地避免自己跑题或者是偏题。

在实际的演讲中，我们需要注意哪些方面来避免随性乱说呢？以下的几点仅供参考和借鉴：

1. 简明扼要，不要废话连篇

演讲通常以简明扼要的语言来彰显其力度，以生动活泼的叙述给听众留下深刻的印象。不过简明扼要并不是说话语空洞无物，恰恰相反，演讲要求话语信息密度大，要言之有物。而只有做到思想性、知识性与趣味性三者统一，才能够吸引听众。要知道，言简意赅的讲话，往往能使人受到启发、令人肃然起敬。而现实生活中，一些人在演讲的时候，废话太多，这不但浪费了自己的精力，而且也占用了别人的时间。所以，我们在演讲的时候要注意言简意赅、准确传神。

2. 用心讲话，不要流于形式

常言道："语为情动，言为心声。"以情感人，更能达到讲话的效果。然而，目前还有不少人在演讲时，说一些空话和套话，很少讲出自己的观点，更别说其中带着一些情感。这样空洞的讲话必然让听众感到乏味，导致听者出现瞌睡的现象。

有句谚语说："愚蠢的人用嘴讲话，聪明的人用脑讲话，智慧的人用心讲话。"演讲就是最能体现智慧的表达方式，因为它的原则就是要用心讲话，不能流于形式。马克思曾经说过："语言是思想的直接外衣。"用心讲话，动心思，讲真话，独具匠心，打动人心，这是演讲的最佳境界。

其实，演讲最重要的是中肯实在，能够让听众感同身受，句句说到听众的心里，自然会得到更多听众的赞赏。

3. 迅速地奔向主题

很多人在演讲的时候，喜欢绕来绕去，旁敲侧击，就是不讲主题，让听众云里雾里，不知所云。这样的随性一定不能任其发展下去，如此的发挥并没有引出主题，反而是得到相反的效果，只会遭听众的讨厌。要知道，一个成功的演讲者能够直接奔向主题，让听众能迅速地了解到他们的意思。

4. 端正态度，尊重听众

有这么一些人往往因为自己的身份和地位，在演讲的时候很随性，想说什么就说什么，也不考虑听众的感受，即使听众因为他们的讲话而受伤，他们也不在乎。其实，这样的随性是不正确的，你不尊重听众，听众也不会尊重你，你的演讲自然不会得到听众的认可。所以，不管你是什么身份的人，处于什么地位，都应该端正自己态度，尊重在场的每一位听众，只有赢得他们的掌声，才能说明你的演讲是成功的。

5. 条理清晰的顺序

有些演讲之所以随性地说，是因为他们没有清晰的条理。所以，为了避免混乱随性地表达，我们需要在演讲之前理清自己的思路，脑中的思路清晰了，说起来就不会那么随性了。

得体表达的方法

脱稿讲话是一门语言的艺术，脱稿讲话语言运用的过程是一种美的创造过程，成功的脱稿讲话必备的一个条件便是得体的表达。脱稿讲话时，有些人在台上以很高的姿态来对待听众，语气狂妄，目中无人，甚至会出现一些不文明的语言，给听众留下狂妄自大的坏印象，当然对其讲话内容也会产生厌烦的情绪。成功的演讲者善于使用得体的表达，尊重每一位听众，因此他们的讲话才会受到欢迎。

说话要得体，可以说是口语交际的一项基本原则。要想成功地完成自己的脱稿讲话，就需要我们在表达上下功夫。只有得体地表达，我们才能赢得听众的掌声。

1. 得体的称呼

脱稿讲话时，在用语上一定要注意礼貌。

首先，称呼要全面。称呼要包括在座的每一位听众。如果情况允许的话，称呼最好细化，适当带上形容词，尤其是对一些重要的人，在提及他们名字的时候更要注意得体的称呼。

在脱稿讲话中，我们要根据情况与场合，可以称呼对方的行政职务，比如校长、局长、经理、董事长等；也可以称呼对方的职称，比如工程师、教授等；也可以称呼对方所属的行业，比如解放军、警察同志等。比如说"尊敬的杨校长、李校长，亲爱的老师、同学们，大家好！""连续奋战了三天三夜的李院长、黄医生、邓医生，以及战斗在一线的所有白衣天使们，大家好！""精神头十足的、与我同为'80后'的彭清一老师、李燕杰老师，你们好！"当然，有些场合重要人物比较多，时间不允许一一说到，那么我们可以直接说"最热爱学习的伙伴们""大家""各位朋友""各位领导""女士们、先生们"等。

其次，称呼要有顺序。依据通常习惯，应该按先长后幼、先上后下、先重后轻、先女后男、先疏后亲、先宾后主的次序来进行称呼。

2. 使用文明语言，不说脏话

很多人在发言的时候，因为某些原因，情绪非常激动，所以不分场合地破口大骂，试图发泄自己的情绪。他们认为，听众也会和他们一样，一定会理解自己的行为。但是，听众往往很讨厌和反感这样的行为。所以，我们在脱稿讲话的时候，一定不要使用这种语言，即使你情绪再激动也要注意场合。

总而言之，得体的表达方式是讲话成功的一个保障，也能体现出讲话人的修养和素质，是赢得听众好感的一个重要因素。它无关身份地位，只要是站在人们面前发言，就必须注意表达是否得体，否则只会让讲话以失败收场。

3. 声音要洪亮，举止要适当

演讲者洪亮的声音反映其朝气、信心和魄力，有一种无形的感染力。还应当注意举止要适当，比如，不能过分地指手画脚，不应咬着烟斗讲话；动作也要注意，应尽量避免一些小动作，如不时地推推眼镜，把眼镜拿下来擦一擦，挠挠头，抖抖腿等。这些事情虽然很小，但会分散听众的精力，影响演讲者的形象。

语言精练，达意为上

在脱稿讲话时，要在短短几分钟讲话中给听众留下深刻的印象，需要做到语言要简洁，不能说废话、空话、套话，不能冗长啰唆。同时使用的句子不能过长，修饰语不应该太多。如果在句子中修饰语用得过多，就会使句子变得冗长累赘，给听众造成严重的负担。

现实生活中往往会存在这样的误解：说得越多表明自己的口才越好。其实不然，话不是越多越精彩，而是要把观点说清楚，一般越长的讲话越容易把关键点埋没，也不容易吸引观众注意力。

要使脱稿讲话的语言简洁，不是简单地把话语转换成短的句子，而是要说少而有力的话，锤炼词句。我们要尽量地杜绝一切空话和废话，力求含而不露，留有余地，达到言简意赅。

1936 年 10 月 19 日，在上海各界公祭鲁迅先生大会上，我国著名新闻记者、政论家、出版家邹韬奋先生发表了这样的演讲："今天天色不早，我愿用一句话来纪念先生：许多人是不战而屈，鲁迅先生是战而不屈。"仅仅一句话却表达出丰富的含义，既有对当时

"不战而屈"的投降派的谴责，又有对鲁迅先生勇敢战斗、绝不屈服的可贵品质的赞颂，而且还激发了人们奋起抗争的勇气，鼓舞人们要以鲁迅先生为榜样，挺身而出，战斗不止。

显然，言简意赅的言语在关键的时刻会给听众爽快的感觉，也会更有感染力，给听众留下深刻的印象。正如莎士比亚所说："简洁是智慧的灵魂，冗长是肤浅的藻饰。"

要知道，脱稿讲话的目的是向他人传达一种思想，语言只是思想的一种表现形式，有思想的表达才有意义。在讲话中，我们只有把思想的"碎片"，逐渐地提炼和凝结成一句简洁醒目的话，这样一来，才能让听众把握和感知你的思想。

语言贵精不贵多，在讲话时要抛开转弯抹角和旁枝末节，尽量做到一语中的，直击人心，如此一来，自然会得到听众的拍手称赞。所以，为了以后在脱稿讲话中的语言更简练，我们要尽量长话短说。

长话短说是要用简短的话语传达给听众，但前提是要准确、有效地表达自己的意思。所以，我们要抛弃那些啰唆的语言，用简洁有力的话语来打动听众的心，这样的讲话才不会引起听众的反感，也才能更容易达到讲话目的。

逻辑严密，环环相扣

我们在演讲时要具有缜密的逻辑思维能力，能使正面的、反面的论证形成一个整体，并且层次鲜明、条理清楚。例如，梁启超曾对人生与事业的关系做过一次名为《敬业与乐业》的演讲。截取部分内容如下：

我这题目，是把《礼记》里头"敬业乐群"和《老子》里头"安其居，乐其业"那两句话，断章取义造出来的。我所说的是否与《礼记》《老子》原意相合，不必深求；但我确信"敬业乐业"四个字，是人类生活的不二法门。

本题主眼，自然是在"敬"字、"乐"字。但必先有业，才有可敬、可乐的主体，理至易明。所以在讲演正文以前，先要说说有业之必要。

孔子说："饱食终日，无所用心，难矣哉！"又说："群居终日，言不及义，好行小慧，难矣哉！"孔子是一位教育大家，他心目中没有什么人不可教诲，独独对于这两种人便摇头叹气说道："难！难！"可见人生一切毛病都有药可医，唯有无业游民，虽大圣人碰着他，也没有办法。

唐朝有一位名僧百丈禅师，他常常用两句格言教训弟子，说道："一日不做事，一日不吃饭。"他每日除上堂说法之外，还要自己扫地、擦桌子、洗衣服，直到八十岁，日日如此。有一回，他的门生想替他服务，把他本日应做的工悄悄地都做了，这位言行相顾的老禅师，老实不客气，那一天便绝对地不肯吃饭。

……

第一要敬业。"敬"字为古圣贤教人做人最简易、直接的法门，可惜被后来有些人说得太精微，倒变得不适实用了。唯有朱子解得最好，他说："主一无适便是敬。"用现在的话讲，凡做一件事，便忠于一件事，将全副精力集中到这事上头，一点不旁骛，便是敬。

……

第二要乐业。"做工好苦呀!"这种叹气的声音,无论何人都会常在口边流露出来。但我要问他:"做工苦,难道不做工就不苦吗?"今日大热天气,我在这里喊破喉咙来讲,诸君扯直耳朵来听,有些人看着我们好苦;反过来,倘若我们去赌钱去吃酒,还不是一样在耗神、费力?难道又不苦?须知苦乐全在主观的心,不在客观的事。

……

我生平最受用的有两句话:一是"责任心",二是"趣味"。我自己常常力求这两句话之实现与调和,又常常把这两句话向我的朋友强聒不舍。今天所讲,敬业即是责任心,乐业即是趣味。我深信人类合理的生活应该如此,我望诸君和我一同受用!

这次演讲内容可谓是逻辑严密,条理清晰,论证说理,环环相扣。开头提出论题,中间内容分成两部分,分别论述敬业和乐业的重要,结尾总结全篇。主体部分论述时,用次序语"第一""第二",更加清楚地显示出演讲的层次。同时列举了多重论据证明自己的观点,其中梁先生根据自己的亲身经验,指出"责任心"和"趣味"跟"敬业"与"乐业"的关系最为密切:"责任心"就是"敬业","趣味"就是"乐业"。他认为做事必须具备责任心和善于"从职业中领略出趣味"。另外还引用名言警句,如儒家的《礼记》《论语》,道家的《老子》《庄子》,佛家的百大禅师等。

可见,演讲的逻辑严密能增强语言的表现力。而且,严密的逻辑不仅有助于演讲者表达思想，论证观点，还可以提高演讲者识别和反驳谬论的能力，诡辩者总是故意违反逻辑规则，用貌似正确实则存在逻辑漏洞的推论进行辩护，如果缺乏逻辑能力，就很容易上当；如果懂得逻辑规律，就能迅速发现诡辩者的花招，从而在演讲中有力地进行揭露和反驳。

此外，语言是思维的产物，是思维成果的体现形式，语言能将抽象的思维灵活地表达出来，使用语言的过程实际上就是变信息为思想、变思想为语言的转换过程。可以说，掌握语言，实际上就是最早的思维和思维方式的训练。而使用语言表达思维也总离不开运用概念、判断、推理，这几个环节也就是形成逻辑的过程。概念、判断、推理要靠词、句、句群和简章来表达，所谓语言准确，实际上就是做到概念明确、判断恰当，推理合乎逻辑。优美的演讲语言总是包含着无懈可击的逻辑性。所以，演讲者掌握逻辑知识，做到逻辑严密，环环相扣，有助于准确地表达思想，增强语言的表现力。

第二节

脱稿讲话要结合实际

提升说服力的方法

为什么有些演讲者所讲的观点很容易就被听众接受，而有些演讲者所说的话让听众觉得没有可信度呢？一个演讲者如何能够说服听众来支持一项事业、一项运动或一个候选人？这就需要演讲者来提升自己的说服力，只有这样才能更容易让听众听懂我们的话，并接受我们的观点。那么，如何提升说服力呢？以下提供几种方法供大家参考：

1. 提出统计数字

说服别人，就需要证据，而证据有好多种，其中一种有力的证据，就是统计数字。一个统计数字有时胜过千言万语。举个最简单的例子，当我们要倡导大家珍惜水资源，如果只是一直强调"要节约用水，珍惜水资源"，不会给人留下深刻印象。但是如果我们换一种说法，提出一些具体的数字，比如这样说："地球表面虽然2/3 为水覆盖，但是 97% 为无法饮用的海水，只有不到 3% 为淡水，但其中 2% 封存于极地冰川之中。在仅有的 1% 淡水中，25% 为工业用水，70% 为农业用水，只有 5% 可供饮用和其他生活用途。目前世界上 100 多个国家和地区缺水，其中 28 个国家被列为严重缺水的国家和地区。据统计我国北方缺水区总面积达 58 万平方千米，我国有 300 多座城市缺水，每年缺水量达 58 亿立方米。由于人类的破坏使得地球水资源有限，不少大河都已雄风不再，昔日的壮丽景象已成为历史的记忆了。"显然，直观的数字更能让听众重视自己的观点，以此来吸引他们的注意力。

但是在说具体数字的时候，也要适当地运用生动的语言。比如卡耐基先生说："在每一百个接通的电话当中，有七个是超过了一分钟才来应话。这表示，每天约有二十八万分钟就这么浪费了，这样过了六个月，纽约因为迟接电话所浪费的时间，几乎是自哥伦布发现美洲大陆以来所有的工作天。"通过生动的语言来说明消耗和浪费时间，让人们更愿意接受，自然也会让人们信服。

2. 流畅、坚定地表达自己

经过大量事实证明，演讲者的表达方式会对讲话的效果产生重大的影响。比如讲话略快、声音抑扬顿挫、语气坚定有力的演讲者，通常很容易使人们信服，因为他给人们展现的是自信、活力、激情。而那些总是在讲话中犹豫不决，时断时续，还经常出现"啊，哦，嗯"之类的词，会让听众感觉是一种不自信的表现，听众会认为："既然你对自己说出的话都不自信，为什么我要相信你说的话呢？"所以，在脱稿讲话时，我们需要让自己表现得坦然自若，胸有成竹，并使用流畅的语言，坚定的语气。这有助于提升自己的说服力，获得听众的信赖。

3. 利用论证材料

在讲话时，如果空谈一些道理，说一些理论和观点是不足以能够让听众信服的，如果加入一些论证材料，如事例、统计数据、证明材料等，说服力自然会提升很多。

比如，在谈到关于手机辐射的问题时，可以说"很多人都受到了智能手机辐射的影响"。但如果我们运用一些论证材料来支持观点会更好。"爱立信公司的数据显示，2022 年全球智能手机用户量已经超过 60 亿人，这就意味着有 60 亿人都受到了手机辐射的影响"。演讲者运用了数据来证明自己的观点，就会大大增强了可信度。

因此，我们要学会在讲话中适当地运用一些论证材料，用来论证自己的观点，才能让讲话真实可信。

4. 合理推理

推理在生活中无处不在，但只有合理的推理才能使人们信服。在进行脱稿讲话时，或许需要由一个故事逐渐地推出所要表达的结论，在推理的过程中，需要依据客观规律或者是常理进行推导，进而自然地得出与主题相关的结论，听众自然会接受。但如果只是强制地、歪曲地、牵强地引入那个结论，势必会让听众心生质疑，甚至会产生反感。

因此，我们在讲话时要时刻地提醒自己，只有正确合理的推理，才能让听众信服。若是你不知道自己的推理是否可行，就可以找一些朋友或者是专业人士来帮忙，让他们给你提出一些切实可行的建议。

提高口语能力

脱稿讲话最能体现一个人的口语表达水平。脱稿讲话与口语表达能力是密不可分的，要想成为脱稿讲话的高手，就必须提高自己的口语能力。

1. 多问

脱稿讲话是一门学问，也是一门艺术。但是生活中很多人都会存在这样的误解，觉得说话是天生的，就不在意也不上心，更谈不上用心去求教，去学习。有的人虽然觉得说话、演讲有东西可学，但又只限于看看书或听听录音，而不好意思开口向别人请教，结果只是事倍功半。

柏拉图说过："不知道自己的无知，乃是双倍的无知。"孔子也说过："知之为知之，不知为不知，是知也。"一个人要想提高自己的口语能力，就必须放下架子，向有经验的演讲者和对口才有研究的专家虚心求教，不懂就问，经过长期积累和反复琢磨，不断总结经验和教训，这样逐渐改变自己口语能力，才能让演讲做得越来越好。

2. 多学知识

培根说过："知识就是力量。"高尔基说过："用知识武装起来的人是不可战胜的。一个人知道得越多，他就越有力量。"的确，知识是口才的基础，多学知识，是提高口才和演讲水平的前提。

"不积跬步，无以至千里；不积小流，无以成江海。"要想给别人一杯水，自己就应有一桶水。那些学识浅薄、胸无点墨、孤陋寡闻、不学无术的人，是根本说不上有口才的。

3. 多学讲话技巧

一个人敢说话、会说话，还不等于有口才，正如一个人会骑自行车还不是艺术一样，只有杂技演员娴熟的骑车表演才称得上艺术。脱稿讲话是一种综合艺术，要真正掌握这种艺术，并非易事，它包括很多方面的技巧，诸如声音的字正腔圆、吐字归音，形体的动作、面部表情和仪表礼节，控场、应变的方法，即兴说话的诀窍，论辩的艺术，对话的妙法等。这些都需要我们进行系统的学习和运用。

口才的技能不是天生的，同其他任何才能一样，口才的获得源于勤奋的学习、刻苦的练习。"宝剑锋从磨砺出，梅花香自苦寒来。"古今中外一切口若悬河、舌辩滔滔的演讲家，都是在后天的努力和苦练的基础上，靠自信、勇气、拼搏、锻炼造就而成的。

因会而异

在主持会议的时候，会议主持者或脱稿讲话者一个重要的任务就是发挥语言的艺术性，针对不同的会议，调动听众的情绪，抓住听众的兴奋点，准确吸引听众的注意力。要知道，会议的类型不同要求也不相同，因此，作为演讲者，必须懂得因会而异，根据场合针对性地赋予语言不同的色彩。

会议一般出现在工作中，比如说公司的平常会议，公司的年底会议，洽谈会议，谈判会议等，这就需要发言者根据场合的需要，做出相应的调整，说出切合实际有用的话。只有这样，才能最终实现说话的目的。

1. 日常的工作会议

在职场中，每个人都讲究效率，所以，在出席这样会议的时候，我们就需要长话短说，避免那些空话、套话，直接讲出重点，切合实际地把主要问题讲清楚。

脱稿讲话者要想在会议上说出简单而实际的话，不妨做到以下几个方面：

首先，需要发言者明确会议的主题。只有知道会议的主题是什么，才能做到心中有数，才能说出合适恰当的话。

其次，根据主题分清问题产生的原因。发言者需要结合实际，把问题产生的原因进行简明扼要的分析，并指出其中主要的原因。这样，才能以最快的方式找到问题的所在。

最后，提出合理的解决方案。在这三个环节当中，最后这个环节是重点，发言者需要把问题的解决办法逐条说出来，让听众清楚明白。

2. 单位年会

年会指某些社会团体一年举行一次的集会，是企业和组织一年一度不可缺少的"家庭盛会"，在这样的场合，发言者就需要说出振奋人心的话。若你是公司的领导者，在发言的时候，不妨遵循这样的模式：

首先，在开头的时候要祝贺所有的员工，祝贺他们在这一年里取得的骄人的成绩，代表公司恭祝大家新年快乐。

其次，发言者需要年度回顾，用简单的话语回顾一下过去。

再次，在回顾过去之后，接下来就需要展望未来。描绘一下公司美好的愿景，鼓舞员工们的斗志。

最后，再说下一个年度安排。在新的一年里的工作安排可以简单提一下。

依照上述的框架，就知道在这样的场合，应该怎么说才能切合实际了。

3. 谈判会议

不同的谈判场合决定着演讲者应该说什么。这方面的会议，没有一个约定俗成的框架，需要发言者根据实际情况去应对。但这里要提醒的是，在谈判会议上，一定要切中要害地说出关键的话，让对方信服你。

首先，在会议开始时，要阐明自己的立场。比如说在销售方面的谈判会议，目的是双方要就各自提出的条件达成一致，那么在会议开始时便需要表明自己立场。需要注意的是，不要带着犹豫的口气，要做到干净利落的表达。

其次，协商过程。在谈判会议上，最易出现僵持的阶段就是协商的过程，这就需要演讲者打破这种僵局，找到突破口，尽量挽回局面，争取能够在协商的状态下，双方能够达成一致。

最后，要表示感谢，提出展望。就成功的谈判会议而言，在结尾时一般都需要表示感谢，感谢彼此能达成共识，并且期望在下一阶段顺利合作。

总而言之，演讲者更根据不同的会议来调整自己的讲话内容，调整讲话节奏，才会在会议上得到更多人的认可。

第六章 ▷

突发状况来捣乱，巧妙处理渡难关

第一节

如何寻找思路

脱稿讲话的前期准备和写文章的区别

在脱稿讲话时往往会出现以下类似的情形：有些人遇到一些场合就发蒙；在开场时不知道怎样才能亲切自然而又得体地引入；有些人在讲话时，想好了说三点，说完了第一点结果后两点就忘了；有些人背熟了写好的讲稿，一即兴什么都记不起来了……实际上，这些人就是没有弄懂脱稿讲话的前期准备和写文章的构思的区别，这两者之间虽然很相似，但如果按照写文章的思路去准备，在实际脱稿讲话时，就会出现一些问题。

那么，这两者的区别具体体现在哪些方面呢？一般来讲，主要是从目标群体、现场意识、语言意识、角色意识、时间意识、构思提纲这六个方面来说。只有明确了两者之间的区别，找出其中的差异，演讲者才能做到顺利即兴。下面我们就分别来看一下：

第一，从目标的群体来说。写文章的目标群体比较广泛，它的读者对象可以是广大的群众，不存在任何限制。而脱稿讲话的目标听众是特定的，听众相对比较集中，需要脱稿讲话根据听众的需要来准备思路。

第二，从现场意识来说。写文章的现场意识没有那么强，读者看文章，一遍看不清楚，可以回头再看，层次稍微复杂一些不要紧；而脱稿讲话在前期准备时就需要提前进入"现场"，听众只能听一遍，因此要求层次、条理十分清楚，一听就明。在内容选择、语言选用和谋篇布局上都要有临场感，都要对未来的现场气氛和效果有所预感有所把握。因此，要写好演讲稿，就要突破一般文章写作的思维定式，从寻找现场感觉入手，以此作为运思行文的分寸，做到——对应。

第三，从语言意识来说。写文章的时候，虽然是各种语言都采用，但是大多数采用的都是书面语言，而脱稿讲话一般以口语为主，这种语言是经过精心锤炼的，是生活化的语言，它的语汇、句式和语气都有浓厚的口语色彩，没有雕琢的痕迹，没有公文的程式化，没有诗歌式的跳跃和剪辑。因此，脱稿讲话在前期准备时需要使用生活化的口语，这样才符合现场意识。

此外，写文章时也不会有那么多的表情和手势语言，而脱稿讲话的时候会运用语气、停顿、语调等语音手段和感情、手势等体态语言。因此，在起草腹稿时，要摆脱其他文体的负面影响，在语言体裁的抒情上以适合现场表达为尺度。

第四，从角色的意识来说。写文章的角色相对变化得少一些，可能只需要将文章写出来，其中所发生的事不需要参与进去。而脱稿讲话的角色却是变化多样的。每个人在脱稿讲话的时候，要根据具体的场合来转变自己的角色。如在婚庆场合应该说什么，在悼念场合应该说什么，在年终庆典应该说什么，在各种会议上应该怎么说……不同的场合决定了脱稿讲话者要扮演什么样的角色。因此，在准备脱稿讲话时，一定要弄清自己的角色，只有这样，才不会让自己犯更多的错误。

第五，从时间意识来说。写文章的时候不用考虑时间的长短，更不用担心没有时间，而脱稿讲话的时候，就需要根据已有的时间安排自己讲话的内容，最好不要超出规定的时间。因此，在打好腹稿后，要做好预讲，仔细估算出你需要的时间，切记不能太短和太长，时间把握得当，才能赢得听众的认可。

第六，从构思的提纲来说。写文章的时候，需要越详细越好，尽量地把所说的事件都一一讲清楚，而脱稿讲话在准备的时候正相反，越简单越好，因为越简单才越容易理解和记忆，如果把任何细节都装在脑子里，等到紧张的时候可能会统统忘掉，与其这样，还不如简单地记下框架，允许自己即兴发挥一下。

以上这六个方面是写文章和脱稿讲话准备的六大不同，了解了这些，我们就不会用写文章的方法去构思脱稿讲话的思路了。

不是自己想说什么，而是听众想听什么。

在脱稿讲话上，说话不但要看场合，还要说出听众最想听的，这样才能满足听众的心理需求，讲话才具有感染力，如若不然，听众就会渐渐离你而去，你的脱稿讲话也就变成独角戏，自弹自唱自听。因此，脱稿讲话上，我们要时刻地提醒自己，不要总说自己想说的，而是要说出听众最想听的。

要知道，脱稿讲话效果的评判在很大程度上是由听众对演讲的接受程度而定的，这就需要我们时刻把握演讲过程中听众的心理。因此，这就要求讲话的内容必须符合听众的知识结构，切合听众的心理。

康威尔·罗李发表过名为《钻石宝地》的著名演讲，而且他曾经脱稿讲话过 6000 次以上，也许有人会以为他的演说只不过像录音机一样，多次播放相同的内容，甚至连每一句话的抑扬顿挫都没有改变。然而，事实并非如此，因为罗李明白每一次的听众都不尽相同，他必须对演说做适当调整以满足不同层次、不同品位的听众。当他到某地发表演说前，总是先去拜访当地的不同人物（如局长、经理、工程师、理发师等），或是和某人闲聊，并从闲聊中根据他们的言谈举止分析他会有怎样的期望。然后，才因地制宜、因人而异确定内容、题材，再发表演说。无疑，罗李深知思想传达的成功与否在很大程度上取决于听众的理解和接受程度的高低。

显然，罗李充分调查了听众的情况，掌握了大量的材料，从而弄清了听众的知识结构，这样才能充分抓住听众的心理，说出听众想听的内容。因此，我们在脱稿讲话之前，不妨调查一下，知道听众是什么样的群体，见机行事，才能取得预想的效果。

要知道，成功的脱稿讲话者热切地希望听众感觉到他所感觉的，同意他的观点，分享他的快乐，分担他的忧苦。而听众也很在意讲台上的那个人说的话与自己有多大的联系。所以，在脱稿讲话时，要想说出观众想听的话，演讲者就得以听众为中心，放弃以自我为中心，努力去寻找共同语言，与听众产生共鸣。这里要提醒的是，共同语言必须考虑到听众、场合等因素，可以寻找大家可能的共同经历和遭遇、目前面临的共同问题、共同的需要等。

艾立克·约翰斯敦曾担任过美国工商会长、电影协会会长，他在演讲中说道：

俄克拉荷马这块土地对商人而言，原本与鬼门关一样，被认为是永无发展的荒凉之地，甚至在旅游指南中被删了名字，这都是不久前发生的事情。你们一定也曾听说过，1930 年左右，曾经过这里的乌鸦向其同伴提出警告，除非已备足粮食，否则到这里就无法生存。

大家都把俄克拉荷马当成无可救药之地，绝不可能有开拓性发展。但到了 1940 年，这里奇迹般逐渐变成了绿洲，人们甚至将她的美妙变革谱成流行歌曲：大雪过后，微风轻拂，麦田飘散着芳香，摇曳多姿……这不就是俄克拉荷马欣欣向荣、勃勃生机的写照吗？

仅仅 10 年的时间，你们的家乡已由一片黄土沙漠，摇身变为长得像大象一样高的玉米田，这就是信念的报偿和敢于冒险犯难的结晶。

由于演讲者善于从听众所熟悉的生活环境、切身体验中选材，然后经过分析、归纳、总结，在纵向比较和横向比较上做文章，因而取得了演讲的成功。他以新奇、生动、贴切的语言紧紧抓住了听众的心，拉近了演讲者与听众的心理距离，说出听众想听的，这样的演讲无疑是成功的。

新颖的主题受欢迎

大凡脱稿讲话与说话，都有一个特定的主题范围，因为主题是演讲的灵魂。但主题的范围有大小，于是就有一个选题是否新颖的问题。只有脱颖而出的主题才能让人为之侧目。

有位演讲者参加了以"交通安全"为主题的演讲比赛。他分析了这个主题之后，感觉到可能很大一部分选手会立足于"人们交通安全意识淡薄而产生的危害"这个角度，展示在听众面前的可能是一幅幅骇人听闻、惨不忍睹的血腥事件。这样，十几名选手讲下去，听众会听得喘不过气来，时间长了，会产生一种倦怠的感觉。经过考虑之后，他想从新的角度去表达。于是他从交警的工作切入，如果全社会都来理解交警、支持交警的工作，交通事故将会减少。他斟酌再三，确立了以"奉献与理解"为主题，通过赞颂交警默默耕耘，为祖国、为人民无私奉献的精神，呼唤人们理解交通安全工作。他的演讲为比赛吹来一股清凉的风，赢得了听众的热烈掌声。

在脱稿讲话中，创新已经成为一种时尚的追求，创新主题的途径，无外乎三种：

1. 钩沉发挥法

脱稿讲话中用到的材料一般都是习以为常的事物，这一方法要求针对某一事物现象发现人们向来并不注意的本质意义，从而确定更新颖的主题。某些常见的事情，并不符合实际，但往往被当作正确的东西长期相传，而对那些事理的正确认识，却沉到了生活的最底层。如果把它们钩出来，确定为主题，自然能够突破习见或传统看法，使听众耳目一新。

2. 角度变换法

艺术摄影不仅可以从正面平视的角度拍摄，镜头可侧、可背、可仰、可俯；可以逆光，可以顺光。只有这样才能拍摄出不同特点的照片。从同一则材料中发现不同的主题，也需要这种艺术，这就是角度变换法。苏轼的"横看成岭侧成峰，远近高低各不同"这句诗，很形象地说明了这种方法的奇特作用。任何事物的内部结构都比较复杂，外部情况也多种多样，因而同一事物除了具有正面基本意义之外，还具有许多旁引乃至反面性的意义。因此，在构思过程中就可以从多角度引出众多主题进行充分选择，避开俗题。

3. 知识杂交法

即把自己熟练掌握的不同学科中相对独立的知识或问题结合起来，使之构成一个新的研究题目进行研究，从而引出全新的观点的方法。这也是学术研究选题创新的重要方法之一。在脱稿讲话当中，针对那些比较客观的材料和标题，构思时可以将某些感性的东西渗入其中，如个人的生活经历或经验等，这样一来，你已赋予这个题材新的内涵。于是，这个主题便在无形中产生了新意。

最后，不要忘记给新选出的主题冠一个漂亮的、能准确概括它的名字，这就是题目。题目的拟定务必要做到简洁、新奇、意远，让听众"一听便知，过目不忘"。

第二节

话从哪里来

现场找亮点

生活中，很多人在脱稿讲话的时候都很犯愁没有话说，不知道应该说什么，找不到合适的话题。正所谓"巧妇难为无米之炊"，没有话题，讲话就不知道从何而起。对此，演讲者不妨多留心一下现场的情况，有时候你不经意间的发现，会提供灵感，找出合适的话题，便不会无话可说了。

其实，有没有话说，不在话有没有，而在你有没有"现场抓话"的意识。成功的脱稿讲话者都善于从现场中寻找话题，为自己的讲话增添亮点，从而让自己的讲话新奇出彩。此外，从"现场抓话"的方法还可用在事先来不及准备的即兴场合。只要你善于发现自然就会找到合适的话题。

下面是一次在地铁上的讲话：

在场的乘客朋友们大家好，非常抱歉，我想在此发表一场短简的演讲，因为有一个非常重要的观点想和大家一起分享。

今天在茫茫人海中我们相遇于同一辆地铁上，不管是何原因，我都觉得这是一种缘分。如果你愿意的话，可否为我们这样的缘分鼓掌一下？谢谢大家的配合。

今天要跟大家分享的观点是什么呢？那就是"快乐"，如果你也希望人生过得更快乐，那么这样的一个观点就非常重要了。

我们都知道我们的心情可能会因外界的事物而受影响。在此我想要说的是，我们都处在现实生活中：我一度受到物质因素影响，过得很有压力，但今天的我完全改变了。这个改变并非因为事情已经全部解决，而是我的心态已经发生了翻天覆地的改变。我不再受外界事物的影响，因为我们都知道这样一句话："开心是一天，不开心也是一天，何不开开心心过好每一天呢？""我们今天生活在这美丽的城市，它被称为最快乐城市、最具幸福感城市、现代田园都市，这些都是事实。亲爱的朋友们，看看你身边的朋友，每天是不是都洋溢着幸福的笑容呢？"

（这时候，他开始向一对夫妇走去）问道："你们觉得每天幸福吗？开心吗？"

女人回答："每天有很多烦心事，没有什么值得开心的事情。"

"那你喜欢这座城市吗？"

女人回答："喜欢，我想尽力让自己开心起来，可是就是有那么多琐碎的事情，因而总是开心不起来。"

（说到这里，他离开了那位女士，开始面向大众）我也是非常喜欢和热爱这个城市，我希望为这座城市增添色彩。如果你愿意让自己变得更快乐的话，来让我们主动给你旁边的那个可能之前还不认识的朋友一个迷人的微笑好吗？微笑是世界上最美丽的语言，请把我们的微笑传递你身边的每一个朋友好吗？我相信如果我们的朋友都能做到的话，这将是世界上最美丽和最有魅力的城市，各位说是不是呢？认同的话掌声鼓励一下。

……

通过这篇讲话我们可以看到，这样的演讲既切合实际，又能得到观众的认可，还可以为自己讲话的内容增加亮点。因此，在以后脱稿讲话或者当众讲话的时候，演讲者要善于从现场寻找话题，这样也就不用犯愁没话可说了。

从梳理的阅历中来

脱稿讲话属于公众沟通，而公众沟通不仅承载着信息的传递、思想的交流，还有情感的沟通。情感的沟通往往又是最能直指人心、打动听众的。所以，如果在脱稿讲话的时候找不到话题，不妨从你和对方的共同经历开始说起，这样不仅找到了共同点，而且这样的讲话是深受听众喜欢的。简单来说，在脱稿讲话的时候，你不知道怎么寻找话题的时候，你就需要梳理一下自己的阅历，找出与人共同的经历，也许能让你的讲话更加真诚、可信。

从平时阅读的积累中来

虽然我们说过在脱稿讲话没有话题的时候，可以从现场和共同的经历说起，但是这种做法并不适用于所有的场合。时代在更迭，社会在进步。当今世界上的任何事物都在变化着。每天我们一睁眼，国内外新事件、新问题、新矛盾不断涌现。我们也在吸收着包括书籍、报刊、网络、电视、广播等传递来的大量知识和信息，更应该学会去及时捕捉那些新知识、新信息，多讲点儿新话题，多说点儿新故事，不能开口闭口总是那几句话。只有这样，我们才能更好地脱稿讲话。

第三节

容易断电怎么办

积累不够没话说

在脱稿讲话的过程中，尤其是在遇到专业的话题的时候，由于对这个话题的了解不深，演讲者不知道说什么好，没话可说，造成了思维的断电，这种情况就是因为演讲者自身的知识储备不足。所以，为了预防这种断电的事情再次发生，演讲者需要扩充自己的知识储备，拓展知识面，做一个胸有成竹的演讲者。

要知道，人类知识包罗万象、纷繁复杂，这也是脱稿讲话者侃侃而谈的力量之源。演讲者要想发挥自己的潜能，成为妙语连珠、滔滔不绝的演说家，就必须有足够的知识底蕴。因此，就需要不停地阅读来增加自己的知识储备。当然，这种阅读并不是盲目的，而是有选择、有目的地阅读。我们要选择那些有影响力的书来填充自己的头脑，而不是那些精神垃圾。

古今中外的成功演说家无一不是学识渊博的。他们之所以能旁征博引、妙语惊人，之所以能把一些事例生动、形象、有趣地组织到演讲中，就是因为他们博览群书，学识渊博。随着现代科技的高速发展，各种科学高度分化和高度综合，演讲者如果不了解新知识，跟不上时代发展的步伐，就不会使演讲充实、新鲜、生动。因此，丰富的学识是演讲者讲话成功的基本条件。

对演讲者来说，知识是多方面的。不同的人，有不同的知识要求；不同的人，对知识的把握程度也不尽相同。但作为演讲者，应当掌握的最基本的知识有以下几方面：

1. 处世知识

处世知识一般指的是人情世故、社会活动、与人交往等一些为人处世的知识。要知道，人是社会中的人，每个人与社会都有着千丝万缕的联系，要想在社会中生存，就必须懂得一些做人之道、处世之道。这对于脱稿讲话也同样的重要。比如说，你出席一些重要的应酬场合，就需要掌握最起码的应酬知识，只有这样，才能说出与当时的情境相适宜的言辞。倘若我们不了解这些知识，就可能会在脱稿讲话时因某一细微疏忽讲错话而造成不良后果，导致讲话失败，甚至闹出笑话。

2. 世事知识

世事知识指的是社会生活中方方面面的常识、经验、教训、风土、人情、习俗等方面的相关知识。这样的知识无须我们深入地研究学习，只要在平时的生活中多加积累，逐步领悟、体会，慢慢就能感悟到。

曹雪芹曾说："世事洞明皆学问，人情练达即文章。"一个不谙世事的人，所发言辞要么造成笑话，要么酿成苦酒。因此，人们要想丰富自己的语言修养，提高讲话的能力，让脱稿讲话做得更出色，必须具备这类知识。

3. 文化知识

文化是指大文化，是人类在社会历史发展过程中所制造的物质财富和精神财富的总和。诸如天文、地理、历史、文学、艺术、哲学、经济、法律等。这些知识往往以成语、典故、佳作、名言、警句为载体，最能陶冶情操、提高修养、开阔视野，从而使表达者的言辞更具感染力、说服力、吸引力。这种知识不能从一时的学习中获得，而需要孜孜不倦地积累。只有当文化知识的积累达到一定的程度，才能在脱稿讲话时才思敏捷，如滔滔江水连绵不断。正所谓"问渠那得清如许，为有源头活水来"。

4. 专业知识

所谓"术业有专攻"，人一生精力有限，不能做一个博学家，就要精于本职工作，熟练掌握专业知识。而获得专业知识，我们可以从两条途径入手，一是靠学习，二是靠实践。当今社会是信息社会，知识更新迅疾，一个好的专业人员不关注本领域最新进展，就无法发现自身的知识盲点，既不利于工作进行，更不利于说话水平的提高。脱稿讲话的时候，很可能因为新知识的匮乏导致无话可说，出现断电的情况。

知识是人类进步的阶梯，同样也是提高脱稿讲话能力的秘籍，更是让讲话精彩呈现的保障。

总之，只有在脱稿讲话之前，了解了各方面的知识，演讲者才能在众人面前口若悬河，侃侃而谈。因此，增加知识储备是脱稿讲话刻不容缓的任务。

关键词提醒法

在讲话过程中，往往有的人因为一些原因忘记要说什么了，思维突然中断，这就是我们通常所说的断电、卡壳。显而易见，在这种情况下，如果你不能及时有效地续接演讲，就可能使自己陷入无法摆脱的窘境，并由此而导致整个脱稿讲话的失败。

实际上，造成断电的原因是比较复杂的，它涉及主观和客观两个方面的因素，如自己的文化素养、理论水平、心理素质和表达能力等，但这种情况也不是不能克服的。演讲者若能熟练掌握和灵活运用一些临场的应急处置技巧，提前做好准备，那么，面对断电的情况，演讲者就不会那么恐惧和紧张了。在众多的技巧中，我们可以采用有效的关键词提醒法，这个是脱稿讲话高手的秘诀，它能够帮助我们迅速从断电中解脱出来。

所谓的关键词提醒法，这是一种对于讲稿更高层次的提炼。把整个演讲的内容用几个关键词提炼出来，再由这几个词衍生出关键的内容，保证你在众人面前脱稿讲话时能够准确地、流畅地表达。

高杰作为嘉宾被邀请参加一个培训师的高端会议，会议倡导建立一个培训师联盟，在主办方发表了热情而洋溢的演讲后，也同时希望在场的嘉宾能够发表讲话，多给培训师联盟提一些建议。

高杰早就知道自己要在众人面前发言，所以已有准备。他以出色的口才赢得了在场每一位听众的好评。在脱稿讲话的时候，他采用了关键词提醒法，简单而直接说出了自己想要表达的内容。

他把演讲稿概括了四个关键词，分别是奉献、学习、成长、发展。这四个词是有内在的逻辑关系的。首先他在开头说："愿意加入该平台的人是懂得奉献的人，如果大家来这个平台是索取，这个平台注定是会失败的。所以，他的第一个关键词是奉献，愿意奉献、乐于奉献。"

第二个关键词是学习。他接着说："因为你奉献了，大家就都奉献了，所以，才会互通有无，这样每个人才会从中学得知识……"

第三个关键词是成长。他继续说："我觉得在这里光学知识是不够的，大家来这里的目的是成长，只有在经验和技术上获得成长，最终才能被市场所接受……这也取决于主办方是否有足够的资源让我们成长。"这还引出了他第四个关键词——发展。

"我想大家聚到这里就是为了发展，尽我们最大的努力，把这个平台做大做强。而发展需要一个目标，只有把目标确定下来了，我们才能实现飞跃式发展。"

我们可以看出，这篇讲稿思路非常的清晰，总结的四个关键词非常的简练，并且还存在一定的逻辑，提到这个自然就想到下一个，内在之间的逻辑会增加大脑记忆。因此，我们在熟记讲稿的时候，要善于提取关键词，这样才能在脱稿讲话出现断电、卡壳的时候及时根据关键词联想出后面的内容，保证讲话能够顺利地进行下去。

情况复杂，不知说什么好

也许经历过脱稿讲话的人都曾面对过这样的情况：在发言的

时候确实有话可说，但因情况特殊或者比较复杂，一时不知怎么说才好。比如说，不说不合适，说了又怕得罪人，或者是拿捏不好怎样表达才容易让大家接受等。面对这些情况，演讲者往往很容易断电或者卡壳，这就需要我们增强四种意识——场合意识、角色意识、听众意识以及目的意识。

　　首先是增强场合意识。脱稿讲话者在遇到一些特殊的情况，比如说在你讲话的时候，或许在环视全场的时候，看到一些听众无视演讲，并且还不遵守场上的秩序；或者是有人突然对你讲的内容进行提问，同时其他听众也随之问起来……面对突如其来的复杂状况，你却不知该怎么说。这时候，就需要你镇定自己，如果你自己都失控了，掌控不住局面，场面会变得很难堪。面对这样的情况，演讲者不妨在这时候，多多重复刚才听众提出的问题，并且把这些问题有顺序地说出来，就像是排列一样，一一为他们解答，并且在回答听众问题的时候一定要非常谦虚，切记不要忽略了听众的问题，试着把这样的问题看成是一种现场的交流和互动。多多增加和听众的交流互动，增强场合意识，你所面临的复杂情况就会迎刃而解了。

　　其次是增强角色意识。有一些演讲者，往往在脱稿的时候，分不清自己所扮演的角色，没有根据自己的"角色"说好合适的话，这样很有可能会得罪某些听众，或者冒犯了听众，从而招致听众的反感。这样做的结果就是失去听众的支持，甚至会遭遇一些突发状况。对于这样的情况，演讲者先要在开讲之前明确自己所担当的角色，量身定位，根据自己的角色说好合适的话，尽量让自己的讲话内容获得听众的赞赏和认可。

再次是增强听众意识。在有些脱稿讲话的过程中往往会出现这样的情形：你所讲的内容得不到听众的认可，得不到听众的支持，你内心会琢磨着采用怎样的表达会让听众接受和认可，甚至会急得满头大汗，越是着急越是说不出来。内心这种复杂的心理活动会一直干扰着你直到讲话结束。

对于上述这种情况，脱稿讲话者不妨在现场多多进行尝试，试着去听取听众的意见，这样你会逐渐发现听众喜欢怎样的表达方式，这也是增加听众意识的表现。只有充分了解了听众的意识和想法，才能确保在现场得到更多听众的认可。

最后是增强目的意识。尤其是在辩论赛的时候，每个人的目的意识都非常强。很多人会由于自己的思维没有跟上或者是还没有想出回答对方的提问的答案，自然会被人问得哑口无言，不知道接下来应该怎么接。

这种情况是需要一定的应变能力和知识储备，只要我们在这方面做好准备，尽可能地想出对方会问到的问题，自然就不会断电了。

总之，在平时脱稿讲话时，时刻注意加强这四种意识，事前做好充分的准备，即使遇到再复杂的情况，都可以轻松化解。坚持下去，你就会发现，讲话中卡壳的时候越来越少了。

突然出现口误，如何补救

相信不少演讲者都有过这样的经历，虽然已经做足了脱稿讲话的准备，但是在说话时还是出现了口误，让我们陷入尴尬的境地。此时，该如何是好？所谓口误，顾名思义，指的就是说了不恰当的话。造成口误的原因有很多，比如演讲者紧张或者态度轻率、知识贫乏等。在具体的演说实践中，只要头脑清醒、观察敏锐、判断正确、处理及时和方法灵活，演说者就可以成功地从口误的窘境中摆脱出来。

即便是那些演说大师，也都有可能出现口误，而总结和研究口误的补救方法，是演说艺术活动的客观要求。在具体的演说实践中，只要头脑清醒、观察敏锐、判断正确、处理及时和方法灵活，演说者就可以成功地从口误的窘境中摆脱出来。

比如，发现自己漏讲了某一点、某一段，可以随后补上，不必声张；念错某个字词，或讲错某句话，也可以及时纠正，或在第二次出现时纠正。万一听众发现了你的错误，也不要紧张，演讲者不妨将错就错，自圆其说。在这方面，表演艺术家有许多成功的经验可以借鉴。

演讲者如果出现失误，完全可以借鉴类似的补救做法。例如，某同学做演讲时，想用"浓浓的酒，醇醇的"作为开场白。但他一上台就念成了"酒"将"浓浓的"漏掉了。他灵机一动，将错就错，干脆改成"酒，浓浓的、醇醇的"。听众对他的妙改报以热烈的掌声。

那么，究竟应该怎样补救呢？

1. 无须道歉，直接纠错

一旦不小心说错了话，你不必刻意承认错误，也不必道歉，只需要在听众还没反应过来时将正确的话再说一遍即可，这样，既纠正了自己的错误，又能让演讲继续下去。我们来看下面这句话：

"在这次语文，英语统考中，我校考生取得了较好的成绩，两科及格率分别为百分之八十五和百分之九十，分别为百分之九十和百分之八十五。"

这里，演讲者的口误在于颠倒了数字顺序，但演讲者在认识到自己的口误后，都立即给予了纠正。在一些书面材料中，这些失误会让人啼笑皆非，但是在演说中一般听众不会为此大惊小怪，演说者也就大不必紧张。

2. 巧妙否定

与上法所不同的是，它不是直来直去，而往往是通过设问形式巧妙地否定口误。因此，只要运用得当，此法就显得更机智、更有审美价值。

具体做法：一种是自己提问——自己回答。

例如，某厂团委书记在讲到"我国明代的四大名著是《水浒传》《西游记》《红楼梦》和《西厢记》"时，会场立即笑声四起，机灵的演说者马上话锋一转："在上次文化考试中，有份试卷就是这样回答的。对吗？当然不对，四大名著是《水浒传》《西游记》《红楼梦》和《三国演义》。"

另外一种方法是由自己提问——听众回答。

比如，在进行某些课程的培训时，可以这样更正自己的口误："同学们，这样讲，合适吗？"这时，听众席上便议论开了，胆大的还纷纷答道："不合适。""不对。"你就可以这样继续说下去了。类似的例子尚可举出若干来，仅从这两则就不难看出，此法不失为一种良好的脱身术。

从上述分析自然可以得出结论：从根本上讲，克服口误的关键就在于不断提高演说者自身的修养，只要我们巧妙应对，是能使演讲顺利进行的。

听众反对你的观点，如何驳回

在脱稿讲话中，我们都希望听众能接受我们传达的观点和想法，但事实结果未必如我们所愿，那么，突然遇到听众的反对意见该怎么办呢？如果处理不好，将使自己陷入尴尬境地，甚至阻碍演讲继续下去。

而此时，如果我们能借力打力、顺水推舟，由着别人的意思顺延下去，那么，常常会制造出"柳暗花明又一村"的效果，巧妙驳回听众的反对意见。

一天，一个大学刚毕业的新人来到一家知名企业应聘。乍一看，他没有任何特别的地方，但仔细观察后不难发现，这个小伙子的脸上透露出一股罕见的自信和胸有成竹的微笑。

小伙子来到大厅，看到经理已经在收拾东西了。他只盼着赶紧面试完最后一个人，好早点回家休息。经理瞥了一眼小伙子，便面露难色地说："我们不能雇用你了。因为这里已经有足够多的职员，我们连他们的名字都登记不完。"经理想让小伙子知难而退，却没想到，小伙子气定神闲地说道："既然这样，那我看你们还缺少一人。不如您安排我做这份工作，我来专门为您登记职员们的名字。"

经理吃了一惊，想不到这个其貌不扬的小伙子居然能一语惊人。他马上放下正在收拾的东西，认认真真地询问起小伙子的情况来。最后，小伙子凭借着自己风趣的谈吐和自信的风度，成功进入了这家知名企业。

生活就像巧克力，没有人知道下一颗是什么味道。就像这个故事里的小伙子一样：被拒绝，没什么大不了的。不要把尴尬看成尴尬，多一点点自信，你就能灵机一动，把别人给你出的难题顺水推舟地还给对方，用幽默的应答让对方对你刮目相看。

同样，在脱稿讲话中，我们如果遇到了类似这样的反对意见，也可以运用高度的机智、敏锐的眼光找到解决问题的方法，然后轻松地开个玩笑，有时候，问题便迎刃而解！

当然，要利用顺水推舟的方法制造幽默，从而解除危机和矛盾，还需要我们从一些逻辑思维方法上入手：

1. 将错就错，随机诡辩

既然无法正面辩解就将错就错，用"随机应变"来阐释有悖于常理的哲学，以此"化腐朽为神奇"。

一个推销员在一家百货商店里展示他的"折不断的梳子"，他让梳子接受各种压力的考验以此吸引人们的目光。最后，推销员把手放在梳子两端向中间弯折，"啪"的一声，号称"折不断的梳子"断了，他不失时机地拿起两半梳子让大家看，并高声说："先生们，女士们，我想让大家看看'折不断的梳子'的内部结构……"

号称"折不断的梳子"断了，甚为尴尬。而推销员将错就错，显得十分沉稳老练，并说是自己有意让大家看梳子的内部结构，缓解了紧张的局面，值得称道！当然，这里的顺水推舟，是顺的自己的水，是本着解决自己无意酿造的危机为目的的。

2. 逻辑推理，以理服人

以与自己相关的生活理论做"挡箭牌"，符合逻辑，轻松扳倒对方。作家对厨师说："你没从事过写作，没有权利对我的作品提出批评意见。"

厨师对作家说："我一辈子也没下过蛋，可是我能尝出炒鸡蛋的味道如何，母鸡能吗？"

厨师根据逻辑推理反驳作家，这样类推，作家成了母鸡。既阐明了道理，又让作家自食其果，哑口无言。

3. 先发制人

在罗斯福当选美国总统前，曾在海军任要职。一天，他的一位朋友向他打探海军在加勒比海一个小岛上建立海军基地的秘密计划。罗斯福向四周看了看，压低嗓门说："你能保密吗？""当然能！"朋友爽快地答应了。

"那么，"罗斯福微笑地说，"我也能。"罗斯福以怪制怪的反向思维确实应用得恰到好处，既让对方明白了自己的态度，又对对方这种行为的不合理性加以反驳，以同样的手段应对，甚为高明。

总之，在听众发出反对意见前，我们最好防患于未然，只有做到理据充足，才能堵住听众的嘴。因为反对意见出现再处理难免会加大解决的困难，也可能会造成听众心理上的对抗。

第七章　▷

在任何场合，打动任何人

第一节

主持会议

开场白用事实和数据点题

假如你是一位银行客服经理，你所在的银行要推出一个理财产品，特意安排了一个新闻说明会，请相关专业人士为你的理财产品做介绍。这时你作为主持者，要在开场的时候说几句话，把专业人士和主题介绍出来，你应该怎样说呢？很多主持者都为此焦虑不已，他们希望自己讲的内容具有说服力，又能博得听众的认可。所以，为了能达到上述的目标，我们不妨在开场的时候，试着用事实和数据说明问题，也许会达到意想不到的效果。

我们在以后的脱稿讲话中，不妨借鉴此技巧，用事实和数据来证明自己的观点。

在主持会议时，怎样用事实和数据来搭建讲话的思路，说服在场的每一位听众呢？

首先，开场白用事实和数据点题。主持者可以参照范例的方式，编写自己或者组织适合自己的讲话数据、事实。数据和事实必须能够有力地说明问题，引发在场每一位听众的思考。

其次，阐发目前面临的问题，也就是要讨论的主题。每一项会议都需要集中解决几项重要的问题，尽可能地调动所有的与会者提出意见，给出宝贵建议。

最后，总结会议的结果以及分配的任务工作。主持者在会议即将结束的时候，要善于总结会议的成果，并且根据具体情况把工作任务部署下去。只有这样的会议才是有效的。

牵线搭桥，巧妙连接

主持一个会议，一般都要在中间牵线搭桥、过渡照应，把整个会议连缀成一个有机的整体。这个连接过程也是主持者发挥其机智和口才的过程，它将显示组织能力和概括能力。

在脱稿讲话中，主持会议的发言者所用的连接语不外乎承上启下：肯定前面的，画龙点睛；呼出后面的，渲染蓄势。但在会议主持中，用还是不用，话长还是话短，应看具体情况。若需用连接语，既可顺带，也可反推；可以借言，也可直说；可以设疑，也可问答。总之，不要弄成"主持八股"，应以别开生面、恰到好处为原则。我们以2007年李开复主持的互联网技术大会为例，来看一下如何在脱稿讲话中牵线搭桥、巧妙连接：

中国网友、朋友们：

大家新年好！

非常感谢大家在新年里就来参加今天这个由中国互联网协会

和谷歌公司（Google）合办的互联网技术大会，希望在这次大会中你们能够看到很多新的知识和思想的碰撞，学习到新的技术和新的想法。记得在8年前我就在这个讲台上推出了"21世纪的计算"这个会议，到今天还是非常的成功，但是回顾一下这8年发生了很多的事情，8年前谷歌还在一个车库里，8年前中国互联网协会还没有成立，8年前我们还在讨论计算，没有想到今天互联网的重要性，在8年前我们不可能想到在今天中国即将有世界最多的互联网的网民，当时更多的是希望引进国外最先进的技术和思想，而今天我们看到中国和国外的专家交流，国外的专家来到中国更多的是他们发问，他们希望理解中国互联网如何发展，中国互联网走上了国际舞台，这是我们希望看到的。

今天这次大会我们主要的目的就是交流技术，并且带来世界最顶尖、最新的国内外技术专家，在演讲人方面我们看到有很多学术界的科学家，也可以看到很多互联网行业的实践家，他们的共同点就是他们都是这方面的技术专家。谷歌公司期待着每一年都能够在春季和中国互联网协会继续合作，办这种大会。希望明年我们会把邀请函再发给在座的每一位。

今天请到的专家有……希望他们能够分享他们的想法，谢谢大家。

……

下面想介绍一位中国互联网非常著名的学者和领头人，现任中国互联网协会理事长，是中国工程院院士，曾任中国科学院副院长，也是我国的模式识别与人工智能领域最早的探索者之一，他领导成立了在模式识别领域的第一个国家政府实验室，让我们欢迎中国互联网的大家长、中国互联网协会胡启恒理事长。

……

此种场合主持会议的人是作为嘉宾主持，其发言的目的是告诉听众来听什么，为什么听？主讲人都有哪些人？在讲话的时候，需要注意什么……作为主持人就是做好牵线搭桥，巧妙地连接现场，承上启下，穿插衔接性的发言，让整个会议自然而流畅地进行。所以，我们在主持会议的时候，也要做好上下的衔接，巧妙地使会议有序地进行。

社交场合主持较随意

假如你作为一次同学聚会的主持人，你怎样通过讲话来协调当时的场面呢？谁都不希望自己在同学面前丢面子，所以想尽量把会议做好。其实，要主持好这样的场合并不难，因为每个会议都有各自的性质，像同学聚会这样的社交场合，主持的风格就应该更加随意一些，不必照着稿子念，发自内心地讲几句话，也许会有意想不到的效果。在老同学面前，念稿势必会显得关系生疏，而随意说上几句话反而能拉近彼此的距离，以下范例就是一次老同学聚会上的主持人发言，可供大家参考：

尊敬的各位老师、各位老同学：

十年前的今天，我们告别了熟悉的母校，也告别了亲切的同学和老师。时光流逝，岁月如歌，不知不觉我们已走过了十个春天。

十年来，大家的每一步成长和变化，成了我们心中长久的期盼。经过前期筹备，在全体同学的积极响应和共同努力下，今天我们终于相聚了！此时此刻，我想，大家的心情和我一样，难以平静，非常激动。2000 年，我们怀着初识的喜悦，相聚在这平凡的集体中，从此开始了三年的同窗生活，度过了人生那段最纯洁最浪漫的时光。

我想，这不仅仅是一种记忆，更重要的是一种财富，足以让我们用一生去珍惜。今天我们组织举办这次聚会，就是为大家提供一次重叙旧情、互述衷肠的机会，重温老师恩同学情，来共同追忆温馨的昨天和曾经的浪漫，畅谈人生的艰辛和美好，共同展望精彩的明天。

这次同学聚会，我们还特别邀请了班主任参加，并对我们的同学聚会进行指导，让我们以掌声对王老师的到来表示热烈的欢迎和衷心的感谢！

下面，我们的聚会联欢正式开始。请我们的班主任王老师讲话，大家欢迎！

……

老师的希望就是我们的奋斗目标，让我们牢记王老师的嘱托，在今后各自的工作岗位上继续努力拼搏，争取在下次的聚会上让我们拿出更加辉煌的业绩向我们的班主任王老师汇报！

请各位打开珍藏十年的记忆，敞开密封十年的心扉，来尽情地畅谈十年来的友情和诉说十年来的离情。也希望我们的倾心长谈能使青春时光倒流十年，能使我们每一个人的心也再年轻十岁！

请大家开怀畅饮，一醉方休！

范例中的主持人，主持风格比较随意，看起来没有那么古板，很自然地把现场的流程穿插起来，既流露出了和同学之间深厚的感情，也表达了对老师的敬仰之情。同时还调动了现场的活跃气氛，增强聚会的欢乐氛围。

结束语宜少不宜多

会议结束时，还需要主持者做出总结性发言，主持者在总结的时候，最好不要说太多的话，长篇大论讲个没完，那样只会让听众心生反感。要知道，话多不如话少，话少不如话巧。所以，即兴结尾时，结束语宜少不宜多。以下是某主持者在会议结束的时候，做出的总结词。

尊敬的各位领导、各位来宾、经销商朋友们：

再次感谢大家参加此次盛会！感谢大家多年如一日的执着支持！今天，我们高朋满座，畅谈合作，展望我们共同事业的美好前景，通过各位领导的发言，未来像广袤的大海一样徐徐展开，就等待着我们高张云帆，起航共进！

我深信，经过此次会议，我们决胜未来的信心更为充足，我们的共同信念将更加稳固，我们之间的诚信合作精神将再度闪耀光芒！我深信，只要我们团结一致，真诚相待，和谐合作，激情奋进，我们一定会创造更加惊人的奇迹，我们一定会在不远的将来成为行业冠军！明年的今天我们一定会再次把酒言欢，欢庆胜利！尊敬的各位来宾、各位朋友，本年度核心经销商会议到这里就结束了，再一次感谢大家！衷心地祝愿各位在新的一年身体健康，财源广进，事业腾达，笑傲商海！

从此范例中我们可知，主持者如此简短的总结不仅做好了自己的角色，还没有喧宾夺主。所以，我们主持会议的时候，要尽量减少自己结束的话语，努力做到短小精巧。

一般来说，会议的结束语会有一个基本思路，因为不同的会议会有不同的情况，需要根据情况做出相应的调整，在此提供一个参考思路：

首先，主持者要表示感谢。这里感谢主要是对在场发言的每一位嘉宾或者是与会人员，感谢他们的参与。

其次，总结收获。整个会议持续下来，总会让你收获一些东西，作为会议的主持者，要简要地总结一下，并且这些内容要符合大众的心理，这样才能博得每一位听众的认可。

最后，再次感谢。对于来参加会议的每一个人表示感谢，对每一位发言者要表示感谢。

第二节

就职演讲

工作表态，简短有力

如果你晋升的职位比较高，在履职时通常会有个就职仪式，就职场合中被提拔者通常需要进行就职演说，这类场合适宜脱稿讲话。为了能让自己脱稿讲话出色精彩，其中关键的一点是，在工作表态时，要注意简短有力，只有这样才能在就职仪式上赢得更多的掌声。范例是林肯第二次当选美国总统时发表的演说，我们来看一下。

同胞们：

在第二次宣誓就职总统的时候，我不必像第一次那样做长篇的演讲了。

第一次就职典礼上，较为详尽地叙述我们要采取的方针和道路，看来是合适与恰当的。现在，在我的四年任期结束之时，有关这场至今仍为举国瞩目的大斗争的每个方面，时时有公开的宣告，因此没有新的内容向各位奉告了。我们的一切都依靠武装力量，这方面的进展，大家知道得和我一样清楚。我相信，大家对此颇感满意和鼓舞。我们对未来抱有很大希望，在军事方面就毋庸多做预测。

四年前我初次就职之际，全国思虑都集中在即将爆发的内战之上。大家对内战都怀有恐惧，都设法避免这场内战的发生。当时我在这个讲坛上发表的就职演说，全部内容就是为了不战而拯救联邦。当时城里的叛逆分子却企图不用战争而摧毁联邦，企图通过谈判来瓦解联邦，瓜分国家所有。双方都反对战争，但其中一方却宁愿战争也不愿联邦毁灭，于是内战爆发。美国黑奴占人口八分之一，他们不是普遍分布于全国各地，而是集中在南部。这些黑奴，构成一种特殊而重要的利益。

尽人皆知，这种利益迟早会成为战争的起因。叛逆分子不惜发动战争分裂联邦，以达到增大、扩展这种利益，使之永存的目的，政府却除去要求将奴隶制限于原来区域，不使扩大之外，不要求其他任何权利，双方都不曾预料到战争会有这样大的规模，持续这样久，不曾预料到引起冲突的原因在冲突停止前会消失。双方都寻求轻而易举的胜利，不求彻底或惊人的结果。

……

我们对任何人不怀恶意，对所有人都抱有善心，对我们认识到的正义无限坚定。让我们努力完成我们正在进行的工作，愈合国家的战争伤痕，关怀战死的烈士及其遗属，尽一切力量争得并维护美国及全世界的正义的、持久的和平。

林肯的就职演说可谓是精彩绝伦，特别是在最后工作表态时，采用了简短的话语，向人们做出了保证，简单有力地向人们表明了自己的工作态度。

表达全面，句句在点子上

在就职演讲的仪式上，很多人都喜欢泛泛而谈，虽然讲述的内容很全面，但是都没有抓住重点，说不到点子上，这会让听众非常反感，误认为演讲者只会虚言造势，不切合实际。所以，在就职演讲上，要注意在表达全面的同时，也能句句在点子上，只有这样才能获得更多听众的认可和好评。

我们可以借鉴范例的特点和思路来完善脱稿讲话，使自己在就职仪式上能够畅所欲言。

开头，就职演讲的开头部分，要对领导和群众的信任表示感谢。同时简明扼要地介绍自己就任的原因想法、背景环境、心情感受等。就职演讲将会给大家留下自己在这个职位上的第一印象，因此至关重要。而开头则是关于演讲的第一印象，尤为重要。开头部分能够有特色自然是好，如果没有把握，切不可为了出新而出新，以免弄巧成拙。因此，就职演讲的开头不妨稳妥一点为好，精彩片段可以留在主体部分慢慢发挥。

主体，就职演讲的主体部分应首先简单地介绍演讲者本人的基本情况，对当前形势和环境的分析，对可能存在的问题的解剖，对发展前景的展望。接着明确地表述自己任职期间的施政纲领和思路，以及在这个职位上的长期、中期、短期目标。然后详细地说明短期目标的具体任务、工作方法、考核方式和可能存在的困难。最后讨论工作的价值和完成任务的可行性，并请听众提出意见。

结尾，就职演讲的结尾部分，在感谢领导和群众的信任后，更重要的是展望未来，表示决心，发出号召，振奋士气，给听众以鼓舞和激励，如就职者在演讲结尾时，热情洋溢地说："人心齐，泰山移。各位代表，各位领导，同志们，只要我们同心同德，群策群力，我们的目标就会更容易实现，我们的事业就会更容易成功，我们的明天就会更辉煌！"一个好的就职演讲的结尾，能够使听众产生一种热血沸腾的感觉，产生想马上跟演讲者一起奋斗的激情。

另外，就职演讲的场合，一般都比较庄重严肃。但这并不意味着就职演讲者都要板着面孔，更不表示应该说套话。多说一些通俗风趣的话，远比死板文章更能讨人喜欢。

建立信任，鼓舞人心

在就职仪式上，每一位演讲者都希望通过自己的讲话，获得人们的一些信任。的确，在就职仪式上，获得现场听众的信任是非常重要的，正因为他们信任你，你说出的每一句话才能更好地鼓舞他们。丘吉尔在第一次出任英国首相时的演讲就很好地表明了这一点，以下是他的演讲内容：

上星期五晚上，我接受了英王陛下的委托，组织新政府。这次组阁，应包括所有的政党，既有支持上届政府的政党，也有上届政府的反对党。显而易见，这是议会和国家的希望与意愿。我已完成了此项任务中最重要的部分，战时内阁业已成立。五位阁员中包括反对党的自由主义者，代表了举国一致的团结，三党领袖已经同意加入战时内阁，或者担任国家高级行政职务。三军指挥机构已加以充实。由于事态发展的严重性给予人的紧迫感，仅仅用一天时间完成此项任务，是完全必要的。其他许多重要职位已在昨天任命。我将在今天晚上向英王陛下呈递补充名单，并希望于明日一天完成对政府主要大臣的任命。其他一些大臣的任命虽然通常需要更多一点的时间，但是，我相信议会再次开会时，我的这项任务将告完成，而且本届政府在各方面都将是完整无缺的。我认为，向下院建议今天开会是符合公众利益的。议长先生同意这个建议，并根据下院决议所授予他的权力，采取了必要的步骤。今天议程结束时，下院休会到 5 月 21 日，星期二。当然，还要附加规定，如果需要的话，可以提前复会。下周会议所要考虑的议题，将尽早通知全体议员。

现在，我请求下院，根据以我的名义提出的决议案，批准已采取的各项步骤，将它记录在案，并宣布对新政府的信任。

组成一届具有这种规模和复杂性的政府，本身就是一项严肃的任务。但是大家一定要记住，我们正处在历史上一次伟大的战争的初期阶段，我们正在挪威和荷兰的许多地方进行战斗，我们必须在地中海地区做好准备，空战仍在继续，众多战备工作必须在国内完成。在这危急存亡之际，如果我今天没能向下院做长篇演说，我希望能够得到你们的宽恕。我还希望，因为这次政府改组而受到影响的任何朋友和同事，或者以前的同事，能对礼节上的不周之处予以充分谅解，这种礼节上的欠缺，到目前为止是在所难免的。正如我曾对参加现届政府的成员所说的那样，我要向下院说："我没什么可以奉献，有的只是热血、辛劳、眼泪和汗水。"

摆在我们面前的，是一场极为痛苦的严峻考验。在我们面前，是漫长的战争和苦难的岁月。你们问："我们的政策是什么？"我要说，我们的政策就是用我们的全部能力，用我们的全部力量，在海上、陆地和空中进行战斗，这就是我们的政策。你们问："我们的目标是什么？"我可以用一个词来回答：胜利——不惜一切代价，去赢得胜利。无论多么可怕，也要赢得胜利，无论道路多么遥远和艰难，也要赢得胜利。因为没有胜利，就不能生存。

大家必须认识到这一点：没有胜利，就没有英帝国的存在，就没有英帝国所代表的一切，就没有促使人类朝着自己目标奋勇前进这一世代相因的强烈欲望和动力。但是当我挑起这个担子的时候，我是心情愉快、满怀希望的。我深信，人们不会听任我们的事业遭受失败。此时此刻，我觉得我有权利要求大家的支持，我要说："来吧，让我们同心协力，一道前进。"

此篇范例，丘吉尔用真挚朴实的语言，讲述了新党派执政、新政府组成以及即将面临的各种挑战，没有任何隐瞒地展示了国家的情况，自然就会得到人们的信任和认可。丘吉尔通过一些话语鼓舞了人心，比如说："我没什么可以奉献，有的只是热血、辛劳、眼泪和汗水……不惜一切代价，去赢得胜利。无论多么可怕，也要赢得胜利，无论道路多么遥远和艰难，也要赢得胜利。因为没有胜利，就不能生存……"

一场成功的就职演讲，能够帮助新任人员建立起一座沟通群众的桥梁，拉近与群众之间距离，成为动员和维系群众同心协力搞好本部门工作的有力手段。所以，做好就职演讲就显得很重要。

第三节

讨论座谈

重点突出，讲话不散

在座谈会上，我们常会发现，一些人常会东扯西拉，杂乱无章，人云亦云，完全没有自己的想法和主张，甚至有些人还常说一些空话、套话，说出的话没有任何价值，这就在很大程度上影响了座谈会的效果。我们要避免上述情况的发生就需要在讲话的时候，突出重点，集中论述，这样才能取得预期的效果。我们通过一篇讲话范例来说明如何做到重点突出，讲话不散。

同志们：

经市局党组研究，今天召开全市地税系统思想政治工作座谈会。会议的主要任务是，传达全省地税系统思想政治工作座谈会精神，总结交流近年来全市地税系统思想政治工作经验，研究部署今后一个时期的思想政治工作任务，不断推动地税事业又好又快发展。下面，我讲几点意见。

一是全面加强干部思想建设，以理论教育激人心。从改造干部职工思想入手，在理论教育方面下功夫，求实效。认真开展保持共产党员先进性教育活动，培养党员干部坚定的理想信念、高尚的思想品德、务实的工作作风、清廉的个人操守。深入开展学习实践科学发展观活动，充分激发了干部群众解放思想、加快发展的原动力。

……

二是切实加强领导班子建设，以率先垂范赢人心。我们按照改革创新、清正廉洁、富有活力、团结和谐的要求，建设高素质的领导班子。建设各级学习型领导班子，紧扣全市经济社会发展思路，大力开展调查研究和工作创新，孵化培育工作亮点，定期组织巡回看变化，提升了各级领导干部勇于破解难题、善于抓好落实的能力。认真贯彻民主集中制原则，推进决策的科学化和民主化，不断增强班子合力，充分发挥班子核心作用。

……

三是不断加强制度体系建设，以人为本管理聚人心。教育是先导，制度是保证。我们先后制定了《思想政治工作实施办法》等一系列制度办法，建立了推进思想政治工作的长效机制。落实领导包片挂点制度。广泛开展"领导帮干部、先进帮落后、党员帮群众"思想结对帮扶互助活动，落实帮教对象，明确帮教责任，形成帮教网络，把干部的思想问题解决在基层，矛盾化解在基层。

……

四是大力加强地税文化建设，以文化熏陶润人心。加强地税文化建设是推进思想政治工作的有效途径。我们以构建"和谐地税"为目标，以地税文化建设和文明创建为载体，着力构建和谐的领导班子、和谐的干群关系以及和谐的创业环境。全面实施了"楼、洲、带、园"地税文化建设工程，打造了市局规范"三个系统"、县局搭建"十个平台"、分局培育"六小文化"的地税文化立体景观，着力营造关心人、尊重人、发展人的文化氛围。

此篇范例，演讲者切入很具体，通过座谈会的主要精神进入主题，进而阐述怎样推动地税事业又好又快地发展，接着提出了自己的几点意见，并且做到重点突出，而且还不让自己的讲话很散，这样的方式值得我们学习参考。

分层论述，以事实为根据

在座谈会上，假如你是某方面的资深人士，就要比一般人谈得更加深入一些，而要做到这一点，又要让听众能听懂你的观点，以事实为依据就是最好的论证方法，在论述时可以分层论述，让听众有个接收的过程。下面以某女职工代表在座谈会上的发言为例，看一下分层论述的讲话形式。

尊敬的各位领导、姐妹们：
……
今天这个座谈会，我觉得形式非常好，既给大家提供了一个相互交流的平台，也给了大家和局领导面对面沟通的机会。我作为一个从基层单位刚到局机关工作的女干部，无论是资历、阅历、能力还是业绩，都没有什么可圈可点之处，还需要不断向大家学习。在此，我只想借这个难得的机会，说说自己的成长经历和体会乃至困惑，与大家交流共勉。

首先，经历是最宝贵的人生财富。我觉得一个人的经历应该是这个人成长的最大财富。我工作经历虽然不算丰富，但它们让我饱尝了酸甜苦辣，更给了我无数的磨炼和启迪，这些都是我一生用之不尽的宝贵财富。应该说一分耕耘一分收获，有付出才会有回报。在每个工作岗位上都要踏踏实实、勤奋努力，才能走向成功。

其次，挫折是最难得的人生际遇。但正是这段时期，不仅迫使我静下心来，解剖反省自己，发现和改进了许多不足；更重要的是使我拥有了一颗平常心，能坦然地面对个人的进退得失，排除干扰，集中精力干好工作，做到不留遗憾，无愧于心。

再次，心态是最重要的人生功课。态度决定一切。人生不可能一成不变、一帆风顺。因此，适时调整心态就是至关重要的功课。如果说这些年来我真有什么经验可交流的话，就是始终保持良好的心态，保持积极向上的动力。走上领导岗位后，我始终坚持高调做事、低调做人的原则，对待同级虚心学习，吸收他人之长；对待下级关心爱护，既严格要求也真诚体谅，用自己对事业的激情去感染他们，激励他们向着共同的目标努力。

在自己的努力和大家的帮助下，我也取得了不少成绩，荣获了一些荣誉。我的内心充满了感激，感谢局领导多年来对我的培养和鼓励；感谢五队班子成员对我的关心和爱护；感谢广大职工对我的支持和帮助。今后的人生我还会经历更多的考验，更多的磨难，但我会始终直面困难，笑对人生。

当前，面对机遇和挑战，如何抢抓机遇，应对挑战，为我局可持续发展发挥好我们女职工的作用，我谈几点个人意见：

第一，我们要加倍自信。自知者明，自信者强。自信是女性走向成功的精神力量。希望广大女同胞要进一步增强主人翁意识，积极投身到我局各项工作中去，切实发挥"半边天"的作用。

第二，我们要加倍聪慧好学。时代的发展呼唤富有知识和智慧的女性。21世纪是以创新为主导的世纪，我们女同胞们更要弘扬善于学习、崇尚知识的优良传统，树立终身学习的新理念，不断提升个人知识素养，增强创新意识，培养创新精神，提高创新能力，不断提高学习和掌握运用现代科学技术的能力，练就过硬的本领，努力成长为一专多能的知识型员工，做一个自尊、自信、自立、自强的新型女性。

第三，我们要加倍热爱生活。女性是生命的直接创造者和养育者，妇女是家庭生活的重要组织者。热爱家庭、热爱生活是女性的优良美德。女性在建立科学文明的生活方式，营造民主、和谐、温馨的家庭人际关系，教育子女健康成长，优化家庭教育环境等方面发挥着不可替代的特殊作用。希望我们女同胞能从自身做起，从点滴事情做起，大力弘扬社会新风，成为社会公德、职业道德、家庭美德的宣传者、实践者。同时，也希望男同胞们在家里要关爱、呵护自己的母亲、妻子、女儿，在单位要关心、尊重、帮助女干部。

最后，我希望所有的女人都能成为"三丽女人"，即有美丽，有能力，有魅力！也希望大家在以后的岁月里，更加努力工作，用我们的双手和智慧再创佳绩、再立新功！

谢谢大家！

此篇范例，演讲者分层论述了自己取得的成绩以及在今后的日子中需要在哪些方面做些努力，在论述的过程中是以事实为根据，清楚明了地阐述了自己的想法和观点。

整体构思要完整清晰

作为对某一话题或者是专题的讨论，演讲者要构建完整清晰的思路，头、肚、尾要完善而丰富，把每一个环节做到周到而全面，只有这样，才能让听众了解你的想法。

在讨论座谈会上，我们如何构思以使脱稿讲话思路更加的清晰、顺畅呢？

首先，指出与讨论主题相关的问题。换句话说，就是让演讲者列举一些现象，指出目前存在的问题。演讲者可以在这部分多举一些事例来说明这些现象，以此来证明问题存在的正确性。

其次，阐述问题的危害。在这部分，演讲者不要夸大其词，也不要过分缩小危害，要中肯地客观地评价，如给人们的生活造成了哪些不良影响，如果不遏制的话，就会遭受哪些更严重的影响等。讲述这部分内容的目的是让听众重视问题。

最后，呼吁全场人员一起行动。演讲结尾时，如果没有想出具体的解决办法或者是暂时找不到问题的突破口，就需要呼吁所有人一起为解决问题而行动。此外，还可以表示希望，希望越来越多的人重视这个问题。

第四节

婚礼宴会

热烈温馨的结婚祝词

在婚礼上，讲话的角色很重要，不同的角色决定了不同的讲话内容，所以在开始脱稿讲话的时候，要认清自己的角色，思路开阔，贴切中肯，只有这样，才能收获到预期的效果。如果你是新人的介绍人，在婚礼上，就应该说出真心祝福的话语，用热烈温馨的话语来表达内心的祝愿。范例中的贺词就是某介绍人在他介绍的一对新人婚礼上的讲话，他用热烈温馨的话语感染了现场的每一位听众。

尊敬的各位来宾、各位朋友：

大家好！

今天，香蜜湖大酒店"喜酒香浮蒲酒绿，榴花艳映佩花红"。今天是 2013 年 12 月 19 日，一个喜庆祥和的日子，同时也是李女士和王先生结下百年之好的大喜日子。

"久热恋，迎来良辰美景，长相思，共赏花好月圆。"一对新人从此又开始了人生的又一个新里程。

在这大喜的日子里，我希望李女士和王先生共同肩负起新的家庭和社会责任、孝敬父母、尊敬长辈及双方；在未来的工作中，互相帮助、互相鼓励、共同进步、开拓进取、与时俱进；在未来的生活中，肩负起为人父、为人母的责任，和睦相处、心心相印、白头到老。

愿你们在天成为比翼鸟，在地结为连理枝，海枯石烂心不变。最后，祝福李女士和王先生新婚幸福，好景常在，好运常伴；祝天下有情人终成眷属，爱满人间、情满人间；祝在座的各位来宾事业发达、身体健康、万事如意！

在范例中，介绍人用简短的话语表达了对新人的祝福，话语间洋溢着美好和温馨，不仅切合了主题，而且还增强现场的氛围。要知道，介绍人是促成新人姻缘的大功臣，新郎、新娘一般都会对介绍人怀有很强烈的尊敬与感激之情。鉴于这一特殊的身份，除了说出热烈温馨的话语，还可以向新人婚后的生活提出更具体、更切实的要求，促使他们珍惜来之不易的幸福。

那么，在婚礼上，作为介绍人，我们需要按照怎样的思路来发言表达祝福呢？也许每一个都有自己的想法和观点，在这里提供一种方法供大家参考：

首先，表达自己作为介绍人的特别心情，向新人致以由衷的祝福。

其次，讲述婚恋双方经自己介绍由相识到相恋的过程，使宾客对新郎、新娘的基本情况有更多的了解。比如说你可选取两人在相知相恋过程中的一两件感人故事细致讲述，既可以激发参加婚礼者的兴致，又能够使一对新人感怀往事，增进心灵的契合。

最后，对新人的婚后生活提出希望和勉励。在婚礼的场合上，要表示对新人的祝福，并且介绍人的祝福要说得更加中肯、实在。这样才能让新人和现场的观众认可。

朴实风格表祝贺

在婚礼上，假如你作为其中一位新人的家长，主持人请你上台讲几句，面对众多的亲朋好友，你怎样构思呢？在生活中，我们常会在婚礼的场合看见一些家长上台说话不自信，一味地感谢，说了几句就不知道该怎么说了，不知道该怎样表达自己内心的感受，心里明白却怎么也说不出来。其实，在自己儿女的婚礼上，不需要太多华丽的语言，朴实质朴的风格更能让现场的来宾感受到真情实意，也能让新人体会到你此刻的心情。尤其对于脱稿讲话来说，朴实的语言便于记忆，因为最真心的祝福往往是朴实无华的，说自己的话还用什么讲稿呢？我们以一位父亲在儿子婚礼上的贺词为例，感受一下朴实风格的祝福，也许你会发现，这样的语言更容易打动人心。

女士们、先生们，各位亲朋好友：

今天是我的儿子范敏、儿媳周琴结婚的大喜日子，各位亲朋好友在百忙之中前来祝贺，我代表全家向各位朋友的到来，表示热烈的欢迎和衷心的感谢！

作为新郎的父亲，借此良机对我的儿子、儿媳提出如下要求和希望：希望你们俩要把今天领导的关心、大家的祝福变成工作上的动力，你们要在各自的工作岗位上多献青春和力量，携手并肩，比翼齐飞。从今天起，你们俩要互敬互爱，在人生漫长的道路上建立温馨幸福的家。希望你们俩同甘共苦、共创业，永结同心，百年好合。

在这里还需一提的是，我非常高兴我的亲家培养了一个聪慧漂亮的好女儿，我也非常庆幸我们家得到一位贤惠、孝顺的好儿媳。我真诚地希望新亲、老亲互相往来，世世代代友好相处。

今天，为答谢各位嘉宾，各位朋友的深情厚谊，借喜来登酒店这块宝地，为大家准备点清茶淡饭，不成敬意。菜虽不丰，是我们的一片真情；酒虽清淡，是我们的一片热心，若有不周之处，还望各位海涵，谢谢！

范例中，父亲用朴实的语言表达了内心的喜悦之情、祝福之情。同时照顾全面，如亲家、领导、亲友、儿媳、儿子以及在座的来宾等都提到了。讲话简洁不冗长，但又照顾了在场的所有人，自然会得到现场每一个人的认可和好评。

表钦佩，多感谢，送祝福

在各类人的婚礼当中，尤为特殊类型的婚礼，例如残障人士的，如果你被邀请去参加这样的婚礼，需要怎样构思，才能把话说得恰到好处呢？通常在这样特殊的场合，我们需要表达自己深切的敬意，对于他们一直乐观的生活态度表示赞扬，还要对他们送出真挚的祝福，希望他们在日后的生活中更加幸福。最重要的是，一定要避免说错话而破坏现场的喜庆气氛。所以不妨在讲话之前写好讲稿或者打好提纲，然后在正式脱稿讲话时才不会因为一时紧张或激动说错话，下面这篇讲话内容就是在残疾人婚礼上发表的，以此为例，来说明如何组织语言表达钦佩和祝福。

尊敬的各位来宾、亲朋好友：

锦堂双璧合，玉树万枝荣。

今天是一个大喜的日子，遥远的地方正炮火连天，在我们身边也有很多事情发生，可是依然有这样一对新人今天晚上走进新房。不管这个世界上发生了什么事情，一个男人和一个女人，为了爱情，为了生活，为了共同的信念走到一起，这是个永恒的、最大的主题。在这里我想首先感谢互联网。在十年前，我们不可能相信天南地北的朋友，甚至是素未谋面的朋友，能够在这样一方小小的天地里为两位几乎大伙都没有见过的新人举办如此隆重又温馨的婚礼。但是互联网让这一切美好成为现实。

张帆是一个胳膊有残缺的姑娘，我认识很多这样的人，在世界各地也有很多这样的人。但是张帆并没有因为身体的残缺而自暴自弃，我觉得她是个幸福的人。在这里我非常感谢新郎，感谢他一直以来的真诚和理解给了张帆以生活的热情、动力和爱，使她变得更加可爱。

我们更应该感谢张帆，正是她的自信、乐观和勇于接受生活的态度给予她面对痛苦的勇气，成就了她的今天。

婚姻和爱情是一个非常漫长的过程，它几乎要花去两个人一生的精力。哇，他们的结婚彩照出来了，为我目前的证词提供了更多的喜庆和灵感。爱情需要两人不断地、有创新地、有信念地、持之以恒地去撰写的一部书。在今天这样一个喜庆的日子里，我们希望新郎和新娘能够从今天起直到永远，把爱情和婚姻书写好。

让我们再一次地祝福这对新人。当你们走出第一步的时候，我希望你们能相濡以沫地携手走好人生的每一步。

这当中会有很多的风雨、困难和麻烦，但是我相信，当你们已经走出这样一步的时候，已经为将来的道路找到了一个非常好的方向。希望你们把恋爱时期的浪漫和激情，在婚姻现实和物质生活中，一直保留到永远，一直到你们年老的时候，你们可以说：我们没有亵渎今天的婚礼，我们没有亵渎我们当初的誓言，我们的选择让我们满意，我们的选择使我们成功。请允许我再次代表今天出席的所有来宾向你们祝福，代表所有没时间赶来参加婚礼的亲朋好友们向新郎和新娘祝福。祝福二位百年好合、早生贵子、白头到老、永远幸福！

谢谢！

此篇范例，演讲者首先表达了自己对新郎和新娘的钦佩，钦佩他们对于生活和爱情的执着，这是所有人都需要学习的精神。接着，他开始感谢新郎用自己的真诚和理解，给新娘的生活带来了热情、动力和爱，同时也赞扬了新娘的自信、乐观的豁达精神。在接下来的话语中，演讲者还着重地表达对新人的祝福，希望他们在今后的生活中会一直牵手走下去。这样的讲话思路不仅迎合了婚礼的主题，更能博得现场每一位观众的掌声。

第五节

欢迎会、欢送会

三层意思表达欢迎之情

在欢迎会上，很多人都不知道该怎么说，应该说什么，即使说出来也没有合理的逻辑，思维混乱。这样的讲话容易给听众造成负担，让他们猜想你要表达什么，结果只能是让听众产生倦意和厌烦的心理。那么，为了能够吸引观众的注意力，不妨我们用三层意思表达欢迎之情：欢迎——希望——祝愿。既有层次地表达了欢迎之情，更能体现你的真情实感，一举两得。下面是某大学的领导在开学典礼上的演讲稿，如果用即兴的形式表现出来，会让欢迎之情显得更加真挚，也更加亲切。

亲爱的 2007 级全体同学：

你们好！

金秋送爽，丹桂飘香。今天美丽的校园迎来了又一批新朋友。首先，请允许我代表全体老师和同学，对你们表示最热烈的欢迎！

看到各位年轻的面孔、灿烂的笑容，我就仿佛清晰地看见这所百年老校永不穷尽的生命力，内心真是无限欢欣。

刚刚步入大学的你们大概还没有时间静下心来想一想即将展现在你们面前的大学生活。而这就是我们开学典礼的目的。今天的开学典礼宣告着：你们来到了一所有着××年历史的学校。我们矢志不渝地坚持鲜明的"英语"与"计算机"特色，以培养人才为宗旨，为社会造就应用型"英语＋计算机"的双面人才。无论你们出于何种理由选择了我们，我们都将帮助你们实现从合格的中学毕业生向应用型优秀大学生质的转变。

你们必定在想：我们这所学校为你们准备了什么？今后的黄金岁月里，你们将可以享受这里丰富的资源、迷人的景致，从聆听讲演、阅读经典、省思辩论和实验实训之中，感受独特的校园文化，接受基本素质和应用技能的专门训练，增长知识，健全身心，掌握谋生技能，获得发展自我的能力。我们有平易近人、全心全意投身教育的专业教师，有尽心尽责的辅导员、行政人员和后勤员工，他们虽然不一定能告诉你所有问题的答案，但他们一直会鼓励你自己去独立思考、去自主探索、去自由地感悟心灵深处的智慧和幸福生活的脚步。这正是大学教育与中学教育的最大不同。

展望未来，作为学院领导，我今天给大家提出四点要求。

一、学会学习。学会读专业书，读专业原著名著，读专业杂志，读自己喜欢的书。养成读书的习惯，从读书中寻找快乐！大学期间是读书的美好时光，认知会影响乃至决定人生境界的高低和事业成就的大小。

二、学会思考。学会从"专业"角度思考问题，有深度地思考；

学会从"大学"角度思考问题，有高度地思考。养成思考的习惯，从思考中寻找快乐！大学期间一定要让自己的思维有一个质的飞跃，这不仅是大学时光也是未来一生发展的核心支柱。

三、学会做人。同学们从全国各地到我们学校，成为同学、同窗，这是十分难得的缘分，希望大家彼此珍惜。我特别希望，我们同学，特别是同班的同学、同寝室的同学，彼此间一定要相互关心、相互帮助，同学遇到困难要主动伸出友谊的双手，力所能及给予帮助；同学取得成绩，要发自内心表示祝贺。学会分担别人的痛苦和分享别人的成功，这是现代人最重要的品质。

四、学会规划。学会规划自己的人生。大学期间，我们每个大学生都应该认真地思考：我要做一个怎么样的人？我的人生目标是什么？怎样让大学生活过得充实、有意义，为未来的人生发展奠定坚实的基础？我们应该学会充分利用大学的资源。我们学院具有丰富的教育资源，除了静态的图书馆、实验室、运动场以外；还有动态的各种社团活动、各种学术报告等。希望同学们要有强烈的"资源"意识，充分利用大学给予的资源和条件，全方位锻炼自己、提高自己！

同学们，从今天起，××大学将塑造你们的人生，而你们将塑造××大学的未来。祝愿大家在××大学快快乐乐、健健康康、平平安安！

这篇稿子的思路非常清晰，主要是由三层意思来表达欢迎之情，即欢迎——希望——祝愿。我们在欢迎会上演讲的时候，可以采用这种思路。

此外，除了以上的三层意思表达之外，从这篇范例中，值得我们借鉴的思路是，从内部结构来说，演讲需要形成或创造现场的情绪氛围，所讲的内容应该较为集中，通常一篇演讲稿只能讲两三个问题，而且这两三个问题还得很紧密地在逻辑上串联起来，以层层推演的方式，一环扣一环地展开。

神来之言添亮点

很多公司都会举办欢迎会来庆祝新员工的入职，这时候公司领导者在欢迎会上发表讲话是必不可少的，如果公司总裁拿着现成的稿子照本宣科，难免让新员工觉得这种欢迎只是一种形式，即使演讲者真的对新员工的到来感到高兴，念稿子的方法也很难让他们感受到真诚的欢迎。所以，这时候最好的选择就是脱稿讲话，这样既能表达自己的诚意，同时又能在新员工面前展现自己的好口才。

此外，采用脱稿讲话最重要的是内容新颖，能够出奇制胜，演讲者能把平时枯燥的内容用另一种方式呈现出来，为发言增添亮点，能够在很大的程度上调动听众的兴趣。以下范例是某领导在新员工的欢迎会上发表的讲话，其中的神来之言，可以让该讲话收到更好的效果。

大家好！有你们加盟，我感到万分高兴，你们的加盟为公司注入新的血液，添加新的希望。在这里，我代表全公司对在座的各位表示热烈的欢迎！

公司于 2011 年 2 月 25 日注册成立，项目地址在 ×× 市，由 A 有限公司、B 股份有限公司、C（集团）有限责任公司共同出资组建，注册资本金 54 亿元人民币，三方股东出资比例分别为 A 有限公司出资 50％，B 股份有限公司出资 25％，C（集团）有限责任公司出资 25％。公司下属两个项目，一个是 Y 合作示范项目，另一个是配套的 Z 煤矿项目。公司于 2011 年 × 月 × 日举行了 Y 项目和 Z 项目开工进点仪式，目前，各项筹建工作正在紧锣密鼓进行中。

在此，我献给大家三个词：敬业，勤奋，脚踏实地。敬业是所有员工第一美德，也应该是我们的聪明的生存之道。敬业表面上看好像是为公司，其实终身受益的却是你自己。每个人都有工作的能力，但是，只有敬业的工作态度，才能让一个人具有最佳的精神状态，才能够将自己的工作能力发挥到极致。勤奋是我们永远不过时的敬业精神。一个人的成功外部因素是重要的，但更为重要的是自己的勤奋、努力以及脚踏实地工作，从小事做起，细节成就完美。

对于公司的制度，我不想多说什么，给大家讲一个故事吧：有一天，一只小小的跳蚤在一个人身上跳上跳下，不断地叮咬他，弄得他极其难受。他一把抓住跳蚤，问它："你是谁？怎么在我身上四处叮咬，使我全身瘙痒？"跳蚤说："请饶恕我，千万别捏死我！我们一直就是这样生活的，虽然不断地骚扰人们，但绝不会去干更大的坏事。"那人笑着说："罪恶不论大小，只要祸及别人，就绝不能留情，所以一定要捏死你。"好了，故事讲完了，希望我们每一个人都不要成为故事里的跳蚤。

公司的进步取决于每一名员工的能力和业绩，要学会正确的思考方法和工作方法。公司会提供给你们一些学习的机会，但是自我的培养更加重要，要有意识地培养自己，适应公司发展的需要。不要光指望他人，自己要多请教，放下架子，努力使自己的兴趣和工作结合起来，快乐地工作，体会到工作的喜悦和满足，这样你的职业生涯才会是丰富多彩的。我相信，大家能够与公司共同成长。

你们有幸进入了公司。我们也有幸获得了与你们的合作。我们将在共同信任和相互理解的基础上，度过您在公司的岁月。这种理解和信任是我们愉快奋斗的桥梁和纽带。事实将证明，你们来到这里是你们正确的选择，鼓起你们的勇气，拿出你们的激情，我们一同努力。努力是主动的，努力是追求，努力是智慧，努力更是忠诚，努力意味着辛苦，努力意味着付出，努力的过程肯定是酸甜苦辣的，而努力的结果注定是丰硕和喜悦的。祝愿你们收获事业、收获成功！

在范例中，领导在讲解公司制度的时候，并没有采用逐条列举的枯燥方式，而是用故事给新员工敲响了警钟，如此的"神来之言"，就为发言增添了许多色彩，把原来枯燥呆板的事情讲得生动有趣，这样不仅能够吸引更多的听众，还能让员工清楚认识到公司制度不能违反。这样的讲话技巧值得我们学习和借鉴。

在职场上，为了让脱稿讲话精彩绝伦，我们需要怎样的思路或者框架，让自己的讲话出奇制胜呢？以在新员工的欢迎会上讲话为例进行分析：

第一部分：开头要点题——欢迎新员工入职，号召全场的人对新员工表示热烈的欢迎。

在这一部分，要主要表达出欢迎之情，比如说就着现场的情况可以这样说："……我代表全公司对于新员工的到来表示热烈的欢迎！（掌声）掌声再一次证明了大家的欢迎有多么热烈。"采用这种方式，自然会调动现场的热情，活跃现场的气氛。

第二部分：介绍公司的规模及未来的发展方向。新员工刚来肯定不是很了解公司，这就需要领导者大致介绍一下公司的状况，让他们对未来的就职环境有一定的认识。在这部分，需要把原本的事实和情况清楚地讲明白。

第三部分：介绍公司的基本制度。一般这部分讲起来会比较枯燥，不妨换一种方式说，也许就会产生不一样的效果。比如说，你可以像范例一样，采用一个故事，使听众由此产生类比联想，阐述的道理就会更集中鲜明，也会让听众对此产生兴趣，因而也就会提升他们对讲话内容的认可。

此外，除了上述方法，你还可以用悬念切入。设置悬念能抓住听众的注意力，调动听众的情绪。

最后部分：表达感谢和祝福的话语。对新员工提出希望和祝福，促使他们在今后更加努力地工作，争取早日成为公司的骨干力量。

避免说空话

欢迎会是在工作、生活中经常遇到的礼仪场合之一，而作为被欢迎者发言时应该说些什么，怎么说呢？通常对于大家的欢迎表示感谢是不可少的，但是如果一直感谢来感谢去说一些空话套话，也不会显得多有诚意，脱稿讲话最大的特点就是真实，结合自身经历表达出的情感才是最真实的，下面用一篇范例说明：

各位领导、各位同事：

大家上午好！

我先自我介绍一下，我是吉林人，长春工业大学应届毕业生，学机械设计的，带着梦想千里迢迢来到公司。

现在我最想说的话就是十几年学习生涯结束了，我的身份也彻底发生了改变，由学生转变为员工，这一转变含义颇多，我的心情也很激动。激动的同时，我也很感激，感激领导发现并肯定我们新员工的价值，感激领导和同事在百忙中抽出宝贵时间为我们举行这样的仪式，更感激公司在近些年就业情况如此紧张的形势下，给我们这样一个宝贵的工作机会。所以，在此，请允许我代表2009年新入职的员工对公司表示由衷的感谢！

激动和感激之余，感受最多的还是紧张，因为我们要担负起更多的责任，在企业的发展中发挥自己的作用。虽说我们读完大学，掌握了一定的知识，但对于我们这些刚迈出校门踏进社会的年轻人而言，如何尽快褪掉学生时代身上的散漫天真，尽快融入全新的工作环境中，如何将在学校所学知识更好地应用到工作实践中，如何向厂里的老师傅学习，如何将自己个人的发展与企业的发展相统一，这些都是需要思考解决的问题。公司这个大家庭，这个将播撒我们青春年华的地方，正在热火朝天地发展。我看到了我们公司事业的庞大。为此，我感到自豪和信心十足。公司给我们搭建了一个优越的平台，作为新员工，我们愿意接受时代的挑战，更满怀信心，脚踏实地地工作，不断地尝试、探索和创新，在工作中学习，在学习中进步、前行！

正所谓"进取无止境"，公司给了我们空间，给了我们舞台，公司的前辈们为我们搭好了梯子，铺好了路，我们应当趁着这大好时机赶快行动，把自己的利益和公司的利益统一起来，和各位同事一道，人人努力，天天努力，人人学习，天天学习，为了我们共同的目标而奋斗。

在培训室的墙上写着这样的一句话：人的一生可能燃烧也可能腐朽。我不能腐朽，我愿意燃烧，为祖国的富强，为人民的安康，为国防航空事业，让我们一起燃烧！

谢谢大家！

在范例中，演讲者根据实际情况来发表自己的感想，使在场的每一位听众都感受到演讲者的真诚。演讲者没有说过多感谢之类的套话和空话，自然更能获得在场每一位听众的认可。因此，这样的讲话方式值得我们学习和借鉴。

在类似的欢迎会上，我们需要采取怎样的思路让自己讲出的话不空泛呢？以下的思路仅供参考和借鉴。

首先，发言者在开头的时候要做出感谢。对于感谢，你不要空洞地泛泛地说，而是应该具体到某一个人，因为什么事情，你要感谢他，这样有事实依据，才能让听众感到你的诚意。比如在欢迎会上，你可以这样说："我要感谢为这次欢迎会辛苦忙碌的××……"

具体到某一个人身上，说出来的话就不显得空洞了。

其次，可以借着现场的情况，说一下自己的感受，并且要依据现场的情况来定，不能胡说和乱说。你要善于用耳、眼、身观察和感受现场，抓住现场的具象来表达含义。因为有实物更能表达人们的心意。

最后还是要对现场表示感谢。你要感谢能来参加这次欢迎会的每一个人，谢谢他们能来参加欢迎会。

举例用细节，感动当事人

对于被调离的同事或者是领导，公司会为他们组织欢送会，在这样的情况下，如果让作为搭档和同事的你发言，可以在讲话主题的部分举出一些你们曾经一起工作的典型的事例，越详细越好，但要符合之前提出的观点。如此一来，不仅能够感动当事人，也能展现你的诚意，获得在场每一个听众的认可。下面这篇讲稿如果用脱稿的形式讲出来，收到的效果一定比照本宣科好得多。因为详细的工作经历是大家共同的回忆，念出来的效果远没有脱稿的效果真实，而最能感动人的往往是这些真实的细节。

尊敬的各位领导，亲爱的同事们：

大家晚上好！

此时此刻，我想我们大家的内心十分复杂，既有高兴也有失落。高兴，是因为 ×× 女士在 A 公司的工作画上了圆满句号，马上就要奔赴新的人生起点了。失落，是因为我们要失去一位非常熟悉A公司经营情况，工作经验相当丰富的领导。

在这里，我代表我们A公司彩印全体同事感谢××领导多年来对我们工作的大力支持，对我们干部职工生活的关怀和照顾！

弹指一瞬间，不知不觉××已经为我们服务了16个年头，将其最美好的青春年华都奉献给了A公司。可以这样说，在A公司进入辉煌的时候，她功成身退地离开了A公司。

××女士作为我们的前领导，她知识渊博，政治思想坚定，组织领导能力强，富有魄力，是难得的一位好领导。她的思想政治觉悟、奋发进取精神、工作业务能力和领导水平是全公司上下有目共睹的，也是大家所公认的。在这工作的十几年来，她立足公司的实际情况，充分发挥自身优势，游刃有余、开创性地开展工作，有力地促进了A公司经济建设又好又快发展。在日常的生活和工作过程中，××又特别平易近人，十分关心关怀下级的工作状况和生活情况，经常了解我们工作中的实际困难，并倾尽全力帮助解决，得到了同事们的一致好评和赞誉。

××不仅能出色地完成自己负责的分管工作，还善于把握全局，统筹兼顾，注重倾听各方面意见、建议，只要是有利于公司经营的意见建议，都能积极采纳。特别是在繁忙的工作之余，她还十分注重加强自身学习，不断提高自身素质，经常抽空学习国家方针政策和分管业务知识，并用自己掌握的经济知识紧密结合我司实际创造性地开展工作，指导工作。以团结友善、互谅互敬的风格处理人际关系，经常与我们基层工作的同事谈心交心、沟通思想、建立友谊，使我们更好地理清工作思路，拓展工作视野，增强工作能力，提高工作水平，××这些指导性的意见和教诲，不但有力促进了我司十几年来各项工作的顺利开展，而且也为我们今后做好项目争取及各项工作奠定了良好的基础。

可以说，这十几年来我们A公司所取得的工作成绩和成果，从很大程度上讲，得益于××等各位领导对我们工作的指导，得益于××等各位领导对我们工作的大力支持和关心。在此，我代表公司全体同事对各位领导特别是××表示衷心的感谢！并诚挚邀请您今后常来指导我们的工作，继续对我们的工作给予支持和关心。

最后，衷心祝愿××女士家庭幸福，生活愉快！

谢谢！

范例的重点是"举例回忆"部分，既有事实，也有细节，既让当事人感动，又让在场人信服，详细地说明了××女士在公司取得的各种成绩以及所做的贡献。可见，在日后的欢送会上，我们也可以举出具体的事例来表彰当事人，不仅能表达自己的真挚感情，同时又能得到当事人的认可。这里需要注意的是，在列举事例的时候，最好要详细地把能说明问题的细节突出出来，切记不要笼统、宽泛地讲述。